HET COMPLEET ARTISJOK KOOKBOEK

100 heerlijke recepten ter ere van het hart van de distel

Selena de Jong

Auteursrechtelijk materiaal ©2024

Alle rechten voorbehouden

Geen enkel deel van dit boek mag in welke vorm of op welke manier dan ook worden gebruikt of overgedragen zonder de juiste schriftelijke toestemming van de uitgever en eigenaar van het auteursrecht, met uitzondering van korte citaten die in een recensie worden gebruikt. Dit boek mag niet worden beschouwd als vervanging voor medisch, juridisch of ander professioneel advies.

INHOUDSOPGAVE

INHOUDSOPGAVE **3**
INVOERING **6**
ONTBIJT **7**
   1. Artisjok En Kwarkomelet 8
   2. Ei En Artisjoklagen 10
   3. Eieren En Artisjok Sardou 12
   4. Harissa-gestoofde artisjokken op toast 14
   5. Gebakken Artisjokken, Aardappelen En Ei 17
   6. Spinazie Artisjok Ontbijtschotel 19
VOORGERECHTEN **22**
   7. Artisjok vierkantjes 23
   8. In de oven gebakken knapperige Parmezaanse artisjokharten 25
   9. Artisjokharten Met Kikkererwten 27
   10. Artisjok En Pesto Brioche Vuurraderen 29
   11. Warme spinazie- en artisjokbekers 31
   12. Artisjokharten En Prosciutto 33
   13. Spinazie En Artisjokkendip Met Crostini Of Pita 35
   14. Zongedroogde Tomaat En Artisjokkendip 37
   15. Salami En Artisjok Crostini 39
   16. Spinazie En Artisjok Steak Roll Ups 41
   17. Kaasachtige artisjokpesto 43
   18. Artisjokbeignets 45
   19. Gebakken Spinazie En Artisjokkendip 47
   20. Artisjokkendip 49
   21. Romige artisjokkendip 51
   22. Antipasto spiesjes 53
   23. Nootachtige Kippasta 55
   24. Artisjokken Met Dillesaus 57
CHARCUTERIEBORDEN **59**
   25. Spaanse Tapasplank 60
   26. Antipasto Voorgerecht Kaasplankje 62
   27. Italiaanse Antipasto Platte r 64
BROODJES EN WRAPS **66**
   28. Spinazie En Artisjok Ontbijtsandwich 67
   29. Spinazie & Artisjok Open Sandwich 69
   30. Siciliaanse zinderende kaas met kappertjes en artisjokken 71
   31. Kippensandwich uit Seattle 73
   32. Gegrilde Kaas Met Artisjokken 75
HOOFDGERECHT **77**
   33. Artisjok Risotto 78

34. Artisjok En Parmezaanse Kaas En Croute 81
35. Artisjoktaart 83
36. Paella op Mexicaanse wijze 85
37. Polenta Torta Met Champignons En Artisjok 87
38. Italiaanse artisjoktaart 90
39. In De Pan Geschroeide Seitan Met Artisjokken En Olijven 92
40. Italiaanse Truck-Stop Artisjokrisotto 94
41. Stracchino Met Artisjokken, Citroen En Olijven 96
42. Geladen mediterrane polenta 99

PIZZA 101
43. Spinazie Artisjok Pizza 102
44. Art- tichoke en olijfpizza 104
45. Pita-pizza's met gedroogde tomaten 106
46. Artisjok Pesto Pizza 108
47. Vier Seizoenen Pizza/Quattro Stagioni 110
48. Artisjok & Prosciutto Pita Pizza 112

PASTA 114
49. Feestpasta Met Prosciutto 115
50. Spinazie En Artisjok Mac-en-Kaas Bakken 117
51. Artisjok-Walnoot Ravioli 119
52. Penne Paella Met Spinazie En Artisjok 122
53. Agnolotti Met Artisjokkensaus 124
54. Vlinderdaspasta Met Kreeft En Artisjokken 126
55. Tonijn En Artisjok Lasagne 128
56. Lasagne Met Spinazie En Artisjok 130
57. Gnocchi Met Champignons En Artisjokken 132
58. Pastagratin Met Provençaalse Groenten 134
59. Spaanse Kikkererwten En Pasta 136

SOEPEN 139
60. Romige Artisjokkensoep 140
61. Citroenachtige Artisjokkensoep 142
62. Pittige Artisjokkensoep 144
63. Gekruide Artisjokkensoep 146
64. Mediterrane artisjok- en tomatensoep 148
65. Artisjok- en Aardappelsoep 150
66. Spinazie-Artisjokkensoep 152
67. Soep van geroosterde rode paprika en artisjok 154
68. Kokoscurry-artisjokkensoep 156
69. Artisjok en witte bonensoep 158
70. Artisjok- en preisoep 160
71. Romige artisjok- en zongedroogde tomatensoep 162

SALADES 164
72. Artisjok En Rijpe Olijf Tonijnsalade 165
73. Italiaanse Antipasto Saladekom 167

74. Geladen Nicoise-salade 169
75. Antipasto-salade 171
76. Risotto Rijstsalade Met Artisjokken, Erwten En Tonijn 173
77. Brandnetelpasta Met Parmezaanse Kaas 175
78. Salade van rode aardappel-asperges en artisjokken 177
79. Salade van aangebraden artisjokharten 179

ZIJDEN 181
80. Geroosterde Harten Van Palm En Artisjok 182
81. Gebroken Artisjokken Met Citroen-Dille Aioli 184
82. Artisjokharten Met Ham 186
83. Artisjokharten In Witte Wijnknoflook 188
84. Geitenkaas Gebakken Artisjokharten 190
85. Gestoomde Artisjokken 192

NAGERECHT 194
86. Gekonfijte artisjokharten 195
87. Artisjok- en amandelcake 197
88. Artisjok en Citroentaart 199
89. Romige Spaghettitaart Met Zoete Aardappel 201

SPECERIJEN 203
90. Pesto van artisjokken 204
91. Artisjokkentapenade 206
92. Relish van artisjok en zongedroogde tomaten 208
93. Romige Artisjok Aioli 210
94. Artisjok Chimichurri 212

DRANKJES 214
95. Artisjokwater 215
96. Artisjok Negroni 217
97. Artisjok Manhattan 219
98. Artisjok & Pandan Groene Thee 221
99. Zelfgemaakte cynar 223
100. Artisjok Hold 225

CONCLUSIE 227

INVOERING

Welkom bij 'Het complete artisjokkookboek', een culinaire reis waarin het hart van de distel wordt gevierd. Genesteld in de stevige buitenste bladeren van deze bescheiden groente ligt een schat aan smaak en veelzijdigheid klaar om ontdekt te worden. In dit uitgebreide kookboek gaan we op een gastronomisch avontuur langs 100 heerlijke recepten, die elk de unieke smaak en textuur van de artisjok laten zien.

Artisjokken worden al eeuwenlang vereerd vanwege hun uitgesproken smaak en culinaire aanpassingsvermogen. Van het oude Griekenland tot moderne keukens over de hele wereld, deze netelige groente heeft tot de verbeelding gesproken van zowel chef-koks als thuiskoks en heeft talloze gerechten geïnspireerd, variërend van eenvoudige hapjes tot gastronomische meesterwerken.

Maar wat onderscheidt de artisjok van andere groenten? Het is de manier waarop het uitnodigt tot creativiteit en experimenteren in de keuken, het vermogen om harmonieus te combineren met een breed scala aan ingrediënten, en de onmiskenbare aantrekkingskracht als middelpunt van het gerecht en als smaakvol accent. Of het nu geroosterd, gestoomd, gegrild of gebakken is, de artisjok biedt eindeloze mogelijkheden voor culinaire verkenningen.

In dit kookboek duiken we diep in de wereld van artisjokken en onderzoeken we hun rijke geschiedenis, voedingsvoordelen en culinaire toepassingen. We leren artisjokken met vertrouwen selecteren, bereiden en koken, waardoor ze in elk gerecht hun volledige potentieel kunnen ontsluiten. En het allerbelangrijkste: we zullen het hart van de distel in al zijn heerlijke glorie vieren, recept voor recept.

Dus of je nu een doorgewinterde artisjokliefhebber bent of een nieuwkomer in de wereld van distels, "HET COMPLEET ARTISJOK KOOKBOEK" nodigt je uit om met ons mee te gaan op een culinair avontuur als geen ander. Van voorgerechten tot hoofdgerechten, van salades tot soepen en alles daartussenin: laten we samen de eindeloze mogelijkheden van deze opmerkelijke groente ontdekken.

ONTBIJT

1.Artisjok En Kwarkomelet

INGREDIËNTEN:
- 3 grote eieren
- ¼ kopje kwark
- ¼ kopje gesneden radijsjes
- ¼ kopje gehakte artisjokharten (ingeblikt of gemarineerd)
- 2 eetlepels gehakte verse kruiden (zoals peterselie, bieslook of basilicum)
- Zout en peper naar smaak
- 1 eetlepel olijfolie

INSTRUCTIES:
a) Klop de eieren in een kom tot ze goed losgeklopt zijn. Breng op smaak met zout en peper.
b) Verhit de olijfolie in een koekenpan met antiaanbaklaag op middelhoog vuur.
c) Voeg de gesneden radijsjes toe en bak ongeveer 2-3 minuten tot ze iets zacht zijn.
d) Voeg de gehakte artisjokharten toe aan de koekenpan en bak nog 1-2 minuten tot ze warm zijn.
e) Giet de losgeklopte eieren in de pan en zorg ervoor dat ze de groenten gelijkmatig bedekken.
f) Laat de eieren een paar minuten ongestoord koken totdat de bodem begint te stollen.
g) Til de randen van de omelet voorzichtig op met een spatel en kantel de pan zodat eventueel ongekookt ei naar de randen kan stromen.
h) Schep de kwark op één helft van de omelet.
i) Strooi de gehakte kruiden over de kwark.
j) Vouw de andere helft van de omelet over de kwarkkant.
k) Ga nog een minuut door met koken of totdat de omelet de gewenste gaarheid heeft bereikt.
l) Laat de omelet op een bord glijden en snijd hem indien gewenst doormidden.

2.Ei En Artisjoklagen

INGREDIËNTEN:
- 1 Eetlepel extra vergine olijfolie
- 1 middelgrote gele ui, gehakt
- 8 ons bevroren gehakte spinazie
- ½ kopje zongedroogde tomaten, uitgelekt en grof gehakt
- 14-ounce blikje artisjokharten, uitgelekt en in vieren gedeeld
- 2 ½ verpakte kopjes stokbrood in blokjes
- Zout en zwarte peper naar smaak
- ⅔ kopje fetakaas, verkruimeld
- 8 eieren
- 1 kopje melk
- 1 kopje kwark
- 2 Eetlepels gehakte verse basilicum
- 3 Eetlepels geraspte Parmezaanse kaas

INSTRUCTIES:
a) Verwarm de oven voor op 350 F.
b) Verhit olijfolie in een grote gietijzeren koekenpan op middelhoog vuur. Voeg en toe Fruit de ui gedurende 3 minuten of tot ze zacht zijn.
c) Roer de spinazie erdoor en kook tot het ontdooid is en het meeste vocht verdwenen is verdampt. Zet de verwarming uit.
d) Roer de zongedroogde tomaten, artisjokharten en stokbrood erdoor tot alles goed is gedistribueerd. Breng op smaak met zout en zwarte peper en strooi er fetakaas over bovenop; opzij zetten.
e) Klop in een middelgrote kom de eieren, melk, kwark en basilicum. Giet mengsel over het spinaziemengsel en tik met een lepel zachtjes op het ei Meng om goed te verdelen. Strooi Parmezaanse kaas erover.
f) Zet de koekenpan in de oven en bak gedurende 35 tot 45 minuten of tot ze goudbruin zijn bruin bovenop en eieren gezet.
g) Verwijder de koekenpan; snijd de strata in partjes en serveer warm.

3.Eieren En Artisjok Sardou

INGREDIËNTEN:
VOOR DE HOLLANDAISE SAUS
- 2 grote eierdooiers
- 1 ½ eetlepel vers citroensap
- 2 stokjes ongezouten boter
- Zout en versgemalen zwarte peper, naar smaak

VOOR DE EIEREN
- 2 (9-ounce) zakken verse spinazie
- 1 eetlepel olijfolie
- 1 theelepel gehakte knoflook
- 1/3 kopje zware room
- Zout en versgemalen zwarte peper, naar smaak
- 8 vers gekookte of ingeblikte artisjokbodems
- 2 eetlepels witte azijn
- 8 eieren

INSTRUCTIES:
a) Om de saus te maken, doe je de eierdooiers en het citroensap in een blender. Pulseer meerdere keren om te mengen.
b) Smelt de boter in een glazen kan in de magnetron en zorg ervoor dat deze niet kookt. Giet geleidelijk de boter bij het eimengsel en mix tot er een dikke, romige saus ontstaat. Breng op smaak met zout en peper.
c) Om de eieren te maken, bereidt u de spinazie door deze al roerend in de olijfolie in een pan te bakken, tot ze verwelkt en nog steeds heldergroen is. Roer de room erdoor, breng op smaak met peper en zout en houd warm.
d) Verwarm de artisjokbodems en houd ze warm.
e) Vul een koekenpan of ondiepe pot met 2 ½ inch water. Voeg de azijn toe en verwarm tot middelhoog.
f) Breek 4 eieren één voor één in een klein kopje en giet ze voorzichtig in het water. Laat de eieren sudderen tot ze boven de vloeistof uitkomen en draai ze dan om met een lepel. Kook tot het eiwit gestold is, maar de dooiers nog vloeibaar zijn. Verwijder met een schuimspaan en dep droog met keukenpapier. Herhaal met de overige eieren.
g) Schep een portie spinazie op elk van de 4 borden. Leg op elk bord 2 artisjokbodems bovenop de spinazie en leg op elke artisjok een ei.
h) Schep de hollandaisesaus erover en serveer onmiddellijk.

4. Harissa-gestoofde artisjokken op toast

INGREDIËNTEN:
- 2 blikjes (elk 14 oz) artisjokharten, uitgelekt en afgespoeld
- 1/3 kopje milde harissa
- 1 1/2 eetlepel donkerbruine suiker
- 1 eetlepel sojasaus
- 1/2 kopje water
- 1/2 kopje groentebouillon
- 3 eetlepels olijfolie
- 1/3 kopje broodkruimels
- Klein handje verse peterselie en dille, grof gehakt
- 1/4 kopje hummus naar keuze
- 2 sneetjes volkorenbrood

INSTRUCTIES:
a) Begin met het doormidden snijden van de artisjokharten. Opzij zetten.
b) Meng de harissa, suiker, sojasaus, water en groentebouillon in een kom. Voeg geen zout toe, het zoute van de artisjokharten is voldoende.
c) Breng een koekenpan met hoge rand op middelhoog vuur en voeg 1 eetlepel olijfolie toe. Voeg het broodkruim toe en rooster een paar minuten tot ze goudbruin zijn. Zet ze opzij en veeg de pan schoon.
d) Zet de pan terug op middelhoog vuur en voeg de resterende 2 eetlepels olijfolie toe. Schroei de artisjokharten in batches tot beide kanten goudbruin zijn, ongeveer 2-3 minuten per kant. Eenmaal naar wens verkoold, doe je alle artisjokharten in een gelijkmatige laag in de pan.
e) Giet de harissabouillon erbij en breng aan de kook. Schud de pan een paar keer en schep de saus over elk artisjokkenhart, zodat ze gelijkmatig bedekt zijn. Laat het sudderen en inkoken, af en toe roeren, gedurende ongeveer 5-7 minuten, of totdat de saus met de helft is ingekookt en merkbaar dikker wordt.
f) Haal de pan van het vuur en strooi het paneermeel erover.
g) Rooster de twee sneetjes brood en bestrijk ze elk met 2 eetlepels hummus.
h) Stapel de artisjokharten hoog op de toast en bestrooi met peterselie en dille. Serveer warm. Deze toast kun je het beste nuttigen met mes en vork.
i) Geniet van deze heerlijke Harissa-gestoofde artisjokken op toast met mes-en-vork-stijl!

5. Gebakken Artisjokken, Aardappelen En Ei

INGREDIËNTEN:
- 6 el extra vergine olijfolie
- 1 kleine ui, zeer fijn gesneden
- 200 g vastkokende aardappelen, geschild of ongeschild, in plakjes gesneden
- 200 g artisjokharten uit blik, uitgelekt
- 2 teentjes knoflook, geperst
- ¼ theelepel chilivlokken (naar eigen voorkeur aanpassen)
- 2-4 eieren (afhankelijk van je eetlust)
- 1 eetl fijngehakte platte peterselie

Methode:
a) Verhit 4 eetlepels olijfolie in een grote koekenpan op middelhoog vuur.
b) Voeg de fijngesneden ui en aardappelschijfjes toe aan de pan.
c) Bak 12-15 minuten, of tot de aardappelen zacht en goudbruin zijn.
d) Voeg de uitgelekte artisjokharten, de geperste knoflook, de chilivlokken en de kruiden toe aan de pan.
e) Laat nog 2 minuten koken, af en toe roeren.
f) Verhit in een andere pan de resterende olijfolie.
g) Bak de eieren tot de gewenste gaarheid en zorg ervoor dat u de hete olie over de dooiers schept om ze te helpen koken.
h) Roer de gehakte peterselie door de aardappelen en artisjokken en breng indien nodig op smaak.
i) Serveer de gebakken artisjokken en aardappelen met de gebakken eieren erop.

6.Spinazie Artisjok Ontbijtschotel

INGREDIËNTEN:
- 8-10 plakjes nitraatvrij spek
- 2 middelgrote zoete aardappelen, geschild en in dunne rondjes gesneden
- 1 middelgrote ui, gehakt
- 3-4 teentjes knoflook, fijngehakt
- Zeezout, naar smaak (voor groenten)
- 10 oz verse babyspinazie, gehakt
- 14 oz blikje artisjokharten, uitgelekt en gehakt
- 12 grote eieren, in de wei grootgebracht
- 1/2 kop kokosmelk, volvet (uit blik)
- 3 eetlepels edelgist (optioneel, voor de smaak)
- 1/2 theelepel zeezout
- 1/4 theelepel zwarte peper
- 1/4 theelepel uienpoeder (optioneel)

INSTRUCTIES:

a) Verwarm je oven voor op 400 ° F en vet een ovenschaal van 9 x 13 inch in met kokosolie.

b) Meng de zoete aardappelrondjes met het bakvet naar keuze en zeezout naar smaak en schik ze (overlappend omdat ze na het braden krimpen) over de bodem van je ovenschaal en langs de zijkanten indien gewenst.

c) Plaats de braadpan met de zoete aardappelen in de voorverwarmde oven en rooster tot ze zacht zijn en lichtbruin beginnen te worden, ongeveer 25-30 minuten.

d) Verhit ondertussen een grote koekenpan op middelhoog vuur en voeg de plakjes spek toe. Kook tot ze knapperig zijn en bak indien nodig in batches. Laat uitlekken op keukenpapier. Gooi alles behalve 1 eetlepel van het gesmolten spekvet weg (of bewaar het voor een ander gebruik).

e) Zet het vuur middelhoog en voeg de uien toe aan de koekenpan. Kook tot het doorschijnend is, voeg dan de knoflook toe en kook nog eens 30 seconden.

f) Voeg alle spinazie toe en bestrooi met zeezout. Laat het slinken, voeg dan de gehakte artisjokharten toe en laat al roerend doorwarmen. Haal van het vuur.

g) Klop in een grote kom of maatbeker de eieren, kokosmelk, zout, peper, uienpoeder en edelgistvlokken (indien gebruikt) tot een zeer gladde massa.
h) Om de braadpan samen te stellen, verdeelt u het spinazie-artisjokmengsel over de gekookte zoete aardappelkorst en laat overtollig water in de pan achter. Verkruimel het spek over de groenten en giet het eimengsel er gelijkmatig over.
i) Bak in de voorverwarmde oven gedurende 22-25 minuten of totdat het eimengsel in het midden gestold is en begint op te zwellen. Vermijd dat het te gaar wordt of bruin wordt.
j) Laat de braadpan 10 minuten staan voordat u hem snijdt en serveert. Je kunt het ook in de koelkast bewaren of invriezen om het later weer op te warmen. Genieten!

VOORGERECHTEN

7.Artisjok vierkantjes

INGREDIËNTEN:

- 2 (6-ounce) potten artisjokharten (gemarineerd)
- 2 eetlepels olijfolie
- 1 kleine gele ui, fijngehakt
- 1 teentje knoflook, fijngehakt
- 4 eieren
- 1/4 kopje glutenvrije broodkruimels (of gewoon als je geen glutenvrij dieet volgt)
- 1/8 theelepel zwarte peper
- 1/8 theelepel gedroogde oregano
- 1/8 theelepel hete rode pepersaus, indien gewenst
- 8 ons (2 kopjes) kaas (hier wordt een combinatie van Cheddar en Zwitserse gebruikt)

INSTRUCTIES:

a) Verwarm de oven voor op 350 graden F (175 graden C).
b) Laat de artisjokharten uitlekken en hak ze fijn. Als u in olie gemarineerde artisjokharten gebruikt, bewaar dan 2 eetlepels olie.
c) Verhit de 2 eetlepels bewaarde olie of 2 eetlepels olijfolie in een kleine koekenpan op matig vuur. Voeg de gehakte ui en knoflook toe en kook, onder regelmatig roeren, tot ze zacht zijn, ongeveer 5 minuten. Voeg de gehakte artisjokharten toe en bak nog een minuutje met de ui en knoflook. Haal van het vuur en laat ongeveer 5 minuten afkoelen.
d) Klop de eieren in een middelgrote kom schuimig. Roer het broodkruim, de zwarte peper, de gedroogde oregano, de hete rode pepersaus (indien gebruikt), de kaas en het gebakken artisjok-, ui- en knoflookmengsel erdoor. Giet het mengsel in een ingevette bakvorm van 9x9 inch.
e) Bak gedurende 30 minuten of tot ze lichtbruin zijn.
f) Laat 10 minuten afkoelen en snij dan in 9 vierkanten van 3 inch als je het als hoofdgerecht serveert, of in 27 vierkanten van 1 inch als je het als aperitief serveert.
g) Goed afgedekt en gekoeld maximaal 3 dagen bewaren.
h) Geniet van deze heerlijke en veelzijdige Artisjokvierkantjes!

8. In de oven gebakken knapperige Parmezaanse artisjokharten

INGREDIËNTEN:
- 2 blikjes (elk 14 ounce) artisjokharten, uitgelekt en drooggedept
- 2 eieren, geslagen
- 1/2 kopje panko of gewone broodkruimels
- 1/2 kopje Parmezaanse kaas, fijn geraspt
- 1 theelepel uienpoeder
- 1 eetlepel Italiaanse kruiden
- 1 theelepel zeezout
- 1 theelepel zwarte peper
- Marinarasaus om te dippen

INSTRUCTIES:
a) Verwarm uw oven voor op 220°C.
b) Bekleed een bakplaat met bakpapier en spuit er bakspray op, zodat het bakpapier blijft plakken.
c) Laat de artisjokharten uitlekken en dep ze droog met keukenpapier. Zet ze opzij.
d) Klop in een kom de losgeklopte eieren door elkaar. Meng in een aparte kom het paneermeel, de Parmezaanse kaas, het uienpoeder, de Italiaanse kruiden, het zout en de peper.
e) Haal elk artisjokhart één voor één door het eimengsel en bedek het vervolgens grondig met het paneermeelmengsel. Plaats het gecoate artisjokhart op de voorbereide bakplaat. Herhaal dit totdat alle artisjokharten bedekt zijn.
f) Bij gebruik van een oven: bak de artisjokharten gedurende 18-20 minuten en draai ze halverwege de kooktijd om, zodat ze gelijkmatig knapperig worden.
g) Serveer de knapperige Parmezaanse artisjokharten met marinarasaus om in te dippen.
h) Geniet van deze heerlijk knapperige artisjokharten als heerlijk aperitiefhapje of tussendoortje!

9.Artisjokharten Met Kikkererwten

INGREDIËNTEN:
- 4 grote of 8 kleine artisjokharten
- 1 ui, in halvemaanvormpjes gesneden
- 1 wortel, geschild en in blokjes gesneden
- 1 kopje gekookte kikkererwten
- Sap van 1 citroen
- 4-5 eetlepels olijfolie
- 2 kopjes water
- 1 theelepel suiker
- 1 theelepel zout
- 1 theelepel bloem
- Gehakte peterselie ter garnering

INSTRUCTIES:
a) Verhit olijfolie in een pan met wijde bodem op middelhoog vuur. Voeg de gesnipperde uien toe en bak tot ze glazig zijn.
b) Voeg de in blokjes gesneden wortels toe aan de pan en blijf koken totdat ze zacht beginnen te worden.
c) Schik de artisjokharten in de pot.
d) Meng in een kom de bloem, het zout, de suiker, het citroensap en 2 kopjes water tot een mengsel.
e) Giet het mengsel in de pot over de artisjokken.
f) Sluit het deksel en kook op laag vuur tot de artisjokken zacht worden. Als het water tijdens het koken te veel inkookt, kunt u indien nodig 1 kopje kokend water toevoegen.
g) Zodra de artisjokken gaar zijn, doe je de gekookte kikkererwten in de pan en laat je ze nog een paar minuten koken.
h) Haal van het vuur en laat iets afkoelen.
i) Vul de artisjokharten met een mengsel van kikkererwten, wortels en uien. Giet het kookvocht over de gevulde artisjokken.
j) Garneer voor het serveren met gehakte peterselie.

10. Artisjok En Pesto Brioche Vuurraderen

INGREDIËNTEN:
- 4 kopjes broodmeel
- ⅓ kopje suiker
- 1 theelepel zout
- 1 pakje instantgist
- 1 kopje warm water
- 3 grote eieren
- ½ kopje ongezouten boter, gesmolten
- 1 kopje gemarineerde artisjokharten, gehakt
- ¼ kopje pestosaus

INSTRUCTIES:
a) Los de gist op in warm water en laat het 5 minuten staan.
b) Meng bloem, suiker en zout. Voeg het gistmengsel, de eieren en de gesmolten boter toe. Kneed tot een gladde massa.
c) Spatel voorzichtig de gehakte gemarineerde artisjokharten en pestosaus erdoor.
d) Laat het rijzen, rol het deeg uit, verdeel de pesto en de artisjokken gelijkmatig en rol het tot een blok.
e) Snijd het in vuurraderen, leg het op een bakplaat en laat het opnieuw rijzen.
f) Bak gedurende 20-25 minuten op 175°C.

11. Warme spinazie- en artisjokbekers

INGREDIËNTEN:

- 24 Wontonvellen
- 1 blikje artisjokharten, uitgelekt, fijngehakt
- 1 kopje KRAFT geraspte mozzarellakaas
- 1 pk. (10 oz.) bevroren gehakte spinazie, ontdooid, drooggeperst
- 1/3 kopje KRAFT Mayo met olijfolie mayonaise met verlaagd vetgehalte
- 1/3 kop KRAFT Geraspte Parmezaanse Kaas
- 1/4 kop fijngehakte rode paprika
- 2 teentjes knoflook, fijngehakt

INSTRUCTIES:

a) VERWARM de oven tot 350
b) PLAATS 1 Wonton-wikkeltje in elk van de 24 mini-muffinbekers, besproeid met kookspray, waarbij de randen van het wikkeltje over de bovenkant van het kopje uitsteken. Bak 5 minuten. Meng ondertussen de resterende ingrediënten.
c) LEPEL het artisjokkenmengsel in Wonton-bekers.
d) BAK 12 tot 14 minuten. of totdat de vulling is opgewarmd en de randen van de kopjes goudbruin zijn.

12. Artisjokharten En Prosciutto

INGREDIËNTEN:
- 14 ons blikje artisjokharten, uitgelekt
- ⅓ pond Prosciutto, flinterdun gesneden
- ¼ kopje olijfolie
- ½ theelepel gedroogde tijm
- ½ theelepel Fijn geraspte sinaasappelschil
- Versgemalen peper

INSTRUCTIES:
a) Wikkel elk artisjokkenhart in een plakje prosciutto en zet het vast met een tandenstoker.
b) Meng in een aparte kom de olijfolie, tijm, sinaasappelschil en peper.
c) Serveer op kamertemperatuur.

13. Spinazie En Artisjokkendip Met Crostini Of Pita

INGREDIËNTEN:
- 1 kopje bevroren spinazie, ontdooid en uitgelekt
- 1 kopje ingeblikte artisjokharten, uitgelekt en gehakt
- 8 ons roomkaas, verzacht
- 1/2 kopje zure room
- 1/2 kop mayonaise
- 1/2 kop geraspte Parmezaanse kaas
- 1/2 kop geraspte mozzarellakaas
- 2 teentjes knoflook, fijngehakt
- 1/2 theelepel zout
- 1/4 theelepel zwarte peper
- Stokbrood of pitabroodje
- Olijfolie
- Zout

INSTRUCTIES:
a) Verwarm uw oven voor op 175°C.
b) Meng in een grote mengkom de ontdooide en uitgelekte spinazie, gehakte artisjokharten, roomkaas, zure room, mayonaise, Parmezaanse kaas, mozzarellakaas, gehakte knoflook, zout en zwarte peper. Meng goed totdat alle ingrediënten gelijkmatig zijn gecombineerd.
c) Doe het mengsel over in een ovenschaal en verdeel het gelijkmatig.
d) Bak in de voorverwarmde oven gedurende ongeveer 20-25 minuten of tot de dip heet en bruisend is.
e) Terwijl de dip aan het bakken is, maak je de crostini of pitabroodjes klaar. Voor crostini: snijd het stokbrood in dunne plakjes. Bestrijk de plakjes met olijfolie en bestrooi ze met zout. Leg ze op een bakplaat en rooster ze ongeveer 10 minuten in de oven, of tot ze goudbruin en knapperig zijn.
f) Voor pitabroodjes: snijd het pitabroodje in partjes, bestrijk ze met olijfolie en bestrooi ze met zout. Bak ze ongeveer 10-12 minuten in de oven, of tot ze knapperig zijn.
g) Haal de spinazie-artisjokkendip uit de oven en laat een paar minuten afkoelen.
h) Serveer de dip warm met de bereide crostini of pitabroodjes.

14. Zongedroogde Tomaat En Artisjokkendip

INGREDIËNTEN:
- 1 kopje zongedroogde tomaten, verpakt in olie
- 1 blik artisjokharten, uitgelekt en fijngehakt
- 1 kopje roomkaas, verzacht
- ½ kopje mayonaise
- ½ kopje zure room
- ½ kopje Parmezaanse kaas, geraspt
- 2 teentjes knoflook, fijngehakt
- Zout en peper naar smaak

INSTRUCTIES:
a) Verwarm de oven voor op 190°C.
b) Giet de zongedroogde tomaten af en snij ze in kleine stukjes.
c) Meng in een grote kom de zongedroogde tomaten, artisjokharten, roomkaas, mayonaise, zure room, Parmezaanse kaas, knoflook, zout en peper.
d) Breng het mengsel over naar een ovenschaal en bak gedurende 20-25 minuten, of tot het heet en bruisend is.
e) Serveer met crackers, brood of groenten om te dippen.

15. Salami En Artisjok Crostini

INGREDIËNTEN:
- 1 stokbrood in plakjes van ¼ inch gesneden
- olijfolie
- 2 kopjes ricottakaas
- 10 dunne plakjes salami in vieren gesneden
- 12-ounce kan artisjokharten marineren, gehakt
- zout en peper naar smaak

INSTRUCTIES:
a) Zet de oven op 425 graden Fahrenheit.
b) Gebruik siliconen bakmatten of bakpapier om een bakplaat te bekleden.
c) Bestrijk elk sneetje brood met een dun laagje olijfolie voordat je het op de bakplaat legt.
d) Bak het brood ongeveer 5 minuten in de oven tot het mooi geroosterd is.
e) Haal uit de oven en laat volledig afkoelen.
f) Bestrijk elk sneetje brood met ricottakaas, breng op smaak met zout en peper en beleg met de salami en de gehakte artisjokharten.

16. Spinazie En Artisjok Steak Roll Ups

INGREDIËNTEN:
- 1 pond zijsteak
- 15,5 ounces kunnen artisjokharten, uitgelekt en gehakt
- 2 kopjes babyspinazie, gehakt
- 2 teentjes knoflook, fijngehakt
- 1 kopje ricotta
- ½ kopje geraspte witte Cheddar
- koosjer zout
- Vers gemalen zwarte peper

INSTRUCTIES:

a) Verwarm de oven voor op 350 °. Op een snijplank, vlindersteak om er een lange rechthoek van te maken die plat ligt.

b) Meng in een middelgrote kom artisjokken, spinazie, knoflook, ricotta en cheddar en breng royaal op smaak met zout en peper.

c) Biefstuk besmeerd met spinazie-artisjokkendip. Rol de biefstuk strak op, snijd hem in rondjes en bak tot de biefstuk gaar is tot de gewenste gaarheid, 23 tot 25 minuten voor medium. Serveer met aangeklede groentjes.

17. Kaasachtige artisjokpesto

INGREDIËNTEN:
- 2 kopjes verse basilicumblaadjes
- 2 Eetlepels verkruimelde fetakaas
- ¼ kopje vers geraspte Parmezaanse kaas ¼ kopje pijnboompitten, geroosterd
- 1 artisjokkenhart, grof gehakt
- 2 eetlepels gehakte, in olie verpakte zongedroogde tomaten
- ½ kopje extra vergine olijfolie
- 1 snufje zout en zwarte peper naar smaak

INSTRUCTIES:

a) Voeg in een grote keukenmachine alle ingrediënten toe, behalve de olie en kruiden, en pulseer tot alles gecombineerd is.

b) Terwijl de motor langzaam draait, voeg je de olie toe en pulseer tot een gladde massa.

c) Breng op smaak met zout en zwarte peper en serveer.

18. Artisjokbeignets

INGREDIËNTEN:

- ½ pond artisjokharten, gekookt en in blokjes gesneden
- 4 eieren, gescheiden
- 1 theelepel bakpoeder
- 3 Groene uien, gehakt
- 1 eetlepel Geraspte citroenschil
- ½ kopje bloem
- Zout en peper naar smaak
- 1 eetlepel maïszetmeel
- 4 kopjes olie om te frituren, pinda- of maïsolie

INSTRUCTIES:

a) Doe de artisjokharten in een grote kom en roer de eierdooiers en het bakpoeder erdoor.
b) Voeg groene ui toe. Citroenschil erdoor vouwen. Meng bloem, zout en peper erdoor.
c) Klop in een aparte kom het eiwit en het maïzena samen tot er pieken ontstaan. Spatel de eiwitten door het artisjokkenmengsel.
d) Doe met een eetlepel klodders beignetsbeslag in de olie.
e) Bak tot ze goudbruin zijn
f) Verwijder de beignets met een schuimspaan en laat ze uitlekken op keukenpapier.

19. Gebakken Spinazie En Artisjokkendip

INGREDIËNTEN:
- 14 ons kan artisjok harten, gedraineerd En gehakt
- 10 ons bevroren gehakt spinazie ontdooid
- 1 beker echt mayo
- 1 beker geraspt Parmezaanse kaas kaas
- 1 knoflook kruidnagel ingedrukt

INSTRUCTIES:
a) Dooi bevroren spinazie Dan knijpen Het droog met jouw handen.
b) Roeren samen: gedraineerd En gehakt artisjok, geperst spinazie, 1 beker mayonaise, ¾ beker Parmezaanse kaas kaas, 1 ingedrukt knoflook kruidnagel, En overdracht naar A 1 kwart braadpan of taart gerecht.
c) Strooi op de overige ¼ beker Parmezaanse kaas kaas.
d) Bakken blootgelegd voor 25 minuten bij 350°F of tot verhitte door. Dienen met jouw favoriet crostini, chips, of crackers.

20. Artisjokkendip

INGREDIËNTEN:
- 2 kopjes van artisjok harten, gehakt
- 1 beker mayonaise of licht mayonaise
- 1 beker versnipperd Parmezaanse kaas

INSTRUCTIES:
a) Combineren alle de ingrediënten, En plaats de mengsel in A ingevet bakken gerecht. Bakken voor 30 minuten bij 350 °F.
b) Bakken de duik tot Het is licht bruin En bruisend op bovenkant.

21. Romige artisjokkendip

INGREDIËNTEN:

- 2 X 8 ons pakketjes van room kaas, kamer temperatuur
- ⅓ beker zuur room
- ¼ beker mayonaise
- 1 eetlepel citroen sap
- 1 eetlepel Dijon mosterd
- 1 knoflook kruidnagel
- 1 theelepel Worcestershire saus
- ½ theelepel heet peper saus
- 3 X 6 ons potten van gemarineerd artisjok harten, gedraineerd En gehakt
- 1 beker geraspt Mozzarella kaas
- 3 Lente-ui
- 2 theelepel gehakt jalapeño

INSTRUCTIES:

a) Gebruik makend van een elektrisch mixer verslaan de Eerst 8 ingrediënten in A groot schaal tot blended. Vouw in artisjokken, Mozzarella, Lente-ui, En jalapeño.
b) Overdracht naar A bakken gerecht.
c) voorverwarmen de oven naar 400 °F.
d) Bakken duik tot borrelen En bruin op bovenkant- over 20 minuten.

22. Antipasto spiesjes

INGREDIËNTEN:
- Salamischijfjes, gevouwen
- Cherry-tomaten
- Verse mozzarellabolletjes
- Gemarineerde artisjokharten
- Olijven (groen of zwart)
- Basilicum blaadjes
- Balsamico glazuur
- Zout
- Peper

INSTRUCTIES:
a) Rijg aan elke spies een gevouwen plakje salami, een kerstomaat, een bol mozzarella, een artisjokhart, een olijf en een blaadje basilicum.
b) Herhaal dit totdat alle spiesjes gemonteerd zijn.
c) Besprenkel met balsamicoglazuur en breng op smaak met zout en peper.

23. Nootachtige Kippasta

INGREDIËNTEN:
- 6 plakjes spek
- 1 (6 oz) pot gemarineerde artisjokharten, uitgelekt
- 10 asperges, uiteinden verwijderd en grof gesneden
- 1/2 (16 oz) pakket rotini, elleboog of penne
- 1 gekookte kipfilet, pasta in blokjes
- 1/4 C. gedroogde veenbessen
- 3 eetlepels magere mayonaise
- 1/4 C. geroosterde gesneden amandelen
- 3 eetlepels balsamicovinaigrette saladedressing
- zout en peper naar smaak
- 2 theelepels citroensap
- 1 theelepel Worcestershiresaus

INSTRUCTIES:
a) Zet een grote pan op middelhoog vuur. Kook hierin het spek totdat het knapperig wordt. Verwijder het uit het overtollige vet. Verkruimel het en leg het opzij.
b) Kook de pasta volgens de aanwijzingen op de verpakking.
c) Pak een kleine mengkom: combineer daarin de mayo, balsamicovinaigrette, citroensap en Worcestershire-saus. Meng ze goed.
d) Neem een grote mengkom: schep de pasta met dressing erin. Voeg de artisjok, kip, veenbessen, amandelen, verkruimeld spek en asperges toe, een snufje zout en peper.
e) Roer ze goed. Zet de salade 1 uur en 10 minuten in de koelkast en serveer hem.

24. Artisjokken Met Dillesaus

INGREDIËNTEN:
- 12 babyartisjokken
- Zout naar smaak
- Sap van 2 citroenen
- 3 eetlepels olijfolie
- 1 eetlepel Dijon-mosterd
- ¼ kopje verse dille, fijngehakt
- Versgemalen zwarte peper naar smaak

INSTRUCTIES:
a) Maak de artisjokken schoon door ze in water te weken en het water te verversen totdat het helder blijft na het weken. Trek de buitenste bladeren van de artisjokken af.
b) Gebruik een keukenschaar om de bovenkant van de resterende artisjokbladeren af te knippen, zodat de bovenkant van de artisjok een uniforme hoogte heeft. Verwijder de netelige choke uit het midden. In dit stadium moet de artisjok op een bloem lijken.
c) Doe de artisjokken in een grote pan, voeg wat zout toe, bedek ze met water en breng op middelhoog vuur aan de kook. Zodra de artisjokken beginnen te koken, zet je het vuur laag en blijf je de artisjokken koken tot ze gaar zijn.
d) Laat de artisjokken uitlekken en leg ze op een kleine serveerschaal. Doe het citroensap, de olijfolie, de Dijon-mosterd en de dille in een blender. Meng tot een vinaigrette en breng op smaak met peper en zout. Giet de dressing over de artisjokken.
e) Serveer warm of op kamertemperatuur.

CHARCUTERIEBORDEN

25. Spaanse Tapasplank

INGREDIËNTEN:
- Gesneden vleeswaren (zoals chorizo, serranoham of salami)
- Manchegokaas, in plakjes gesneden
- Gemarineerde olijven
- Gemarineerde artisjokharten
- Geroosterde rode paprika
- Spaanse tortilla (aardappel- en ei-omelet, in kleine stukjes gesneden)
- Sneetjes brood of stokbrood
- Tomaten- en knoflookspread (zoals tomatenbruschetta-topping)
- Spaanse amandelen of andere noten

INSTRUCTIES:
a) Schik het gesneden gezouten vlees op een grote serveerplank of schaal.
b) Leg de gesneden Manchego-kaas naast het vlees.
c) Schik de gemarineerde olijven, gemarineerde artisjokharten en geroosterde rode paprika's in aparte clusters op het bord.
d) Voeg gesneden Spaanse tortilla toe aan het bord.
e) Leg de sneetjes brood of stokbrood naast de overige ingrediënten.
f) Serveer de tomaten-knoflookpasta in een schaaltje naast het bord.
g) Strooi Spaanse amandelen of andere noten over het bord voor extra crunch.
h) Serveer en geniet!

26. Antipasto Voorgerecht Kaasplankje

INGREDIËNTEN:
- Diverse soorten vleeswaren (zoals prosciutto, salami of capicola)
- Diverse kazen (zoals mozzarella, provolone of Asiago)
- Gemarineerde artisjokharten
- Gemarineerde olijven
- Geroosterde rode paprika
- Gegrilde of gemarineerde groenten (zoals courgette of aubergine)
- Geassorteerd brood of soepstengels
- Balsamicoglazuur of reductie voor motregen
- Verse basilicum of peterselie ter garnering

INSTRUCTIES:
a) Schik de diverse soorten gezouten vlees op een grote serveerplank of schaal.
b) Leg de diverse kazen naast het vlees.
c) Voeg gemarineerde artisjokharten, gemarineerde olijven en geroosterde rode paprika's toe aan het bord.
d) Voeg gegrilde of gemarineerde groenten toe voor extra smaak en variatie.
e) Zorg voor een assortiment brood of soepstengels waar de gasten van kunnen genieten bij het vlees en de kazen.
f) Besprenkel balsamicoglazuur of reductie over de ingrediënten voor een pittige en zoete toets.
g) Garneer met verse basilicum of peterselie voor extra frisheid en visuele aantrekkingskracht.
h) Serveer en geniet!

27. Italiaanse Antipasto Platter

INGREDIËNTEN:
- Gesneden prosciutto
- Gesneden Soppressata
- Gesneden mortadella
- Gemarineerde artisjokharten
- Gemarineerde geroosterde rode paprika
- Zongedroogde tomaten
- Bocconcini (kleine mozzarellabolletjes)
- Broodstengels
- Grissini (broodstengels gewikkeld in prosciutto)
- Parmezaanse kaasschaafsel
- Balsamicoglazuur (om te besprenkelen)

INSTRUCTIES:
a) Schik een schaal of bord.
b) Leg het gesneden vlees op de schaal en rol het indien gewenst op.
c) Voeg gemarineerde artisjokharten, geroosterde rode paprika en zongedroogde tomaten toe aan de schaal.
d) Leg bocconcini en broodstengels op de schaal.
e) Strooi Parmezaanse kaasschaafsel over de schaal.
f) Giet het balsamicoglazuur over de ingrediënten.
g) Serveer en geniet!

BROODJES EN WRAPS

28. Spinazie En Artisjok Ontbijtsandwich

INGREDIËNTEN:
- 1 theelepel olijfolie
- 1 kopje babyspinazieblaadjes
- 1/4 kop artisjokharten, grof gehakt
- 4 eiwitten, opgeklopt
- 1 plak mozzarellakaas
- 2 volkoren broodjes of Engelse muffins (indien gewenst geroosterd)

INSTRUCTIES:
a) Verhit de olijfolie in een grote koekenpan op middelhoog vuur.
b) Zodra het warm is, voeg je de babyspinazieblaadjes en de gehakte artisjokharten toe. Kook tot de spinazie geslonken is, haal het mengsel uit de pan en zet opzij.
c) Voeg in dezelfde koekenpan het losgeklopte eiwit toe en roer tot het gaar is.
d) Verdeel het roerei gelijkmatig over de onderste helften van de volkorenbroodjes of Engelse muffins.
e) Schep het gekookte mengsel van spinazie en artisjok op de eiwitten.
f) Leg op elke sandwich de helft van het plakje mozzarellakaas.
g) Leg de samengestelde sandwiches terug in de koekenpan en dek af om de kaas te laten smelten, ongeveer 30 seconden.
h) Beleg elke sandwich met de andere helft van het volkorenbroodje of de Engelse muffin.
i) Serveer en geniet van je heerlijke ontbijtsandwich met spinazie en artisjok!
j) Let op: Indien gewenst kunt u de volkorenbroodjes of Engelse muffins roosteren voordat u de sandwiches gaat samenstellen.

29. Spinazie & Artisjok Open Sandwich

INGREDIËNTEN:
- 1 Engelse muffin
- 1 kopje gehakte bevroren spinazie, ontdooid
- 1 ½ kopje gehakte bevroren artisjokharten, ontdooid
- 6 ons roomkaas, op kamertemperatuur
- ¼ kopje zure room
- ¼ kopje mayonaise
- ⅓ kopje geraspte Parmezaanse kaas
- ½ theelepel rode pepervlokken
- ¼ theelepel zout
- ¼ theelepel knoflookpoeder
- ½ kopje geraspte mozzarellakaas
- Gesnipperde bieslook

INSTRUCTIES:
a) Verwarm uw grill voor op de hoogste stand.
b) Kook de gehakte spinazie- en artisjokharten in 1 kopje water tot ze gaar zijn en laat ze vervolgens goed uitlekken.
c) Meng in een mengkom de uitgelekte spinazie en artisjokken met roomkaas, zure room, mayonaise, geraspte Parmezaanse kaas, rode pepervlokken, zout en knoflookpoeder. Roer totdat alle ingrediënten goed gemengd zijn.
d) Snij de Engelse Muffin doormidden en leg de helften op een bakplaat.
e) Schep het mengsel van spinazie en artisjok gelijkmatig op elke Engelse muffinhelft.
f) Strooi geraspte mozzarellakaas over het mengsel.
g) Plaats de bakplaat onder de grill en kook tot de kaas gesmolten is en bubbelt, wat meestal maar een paar minuten duurt. Houd het goed in de gaten om verbranding te voorkomen.
h) Haal het van de grill en garneer met geknipte bieslook.
i) Serveer je heerlijke Engelse Muffin met spinazie en artisjok terwijl deze warm is en geniet ervan!

30. Siciliaanse zinderende kaas met kappertjes en artisjokken

INGREDIËNTEN:
- 5 gemarineerde artisjokharten, in plakjes gesneden
- 4 dikke sneetjes boerenbrood, zoet of zuurdesem
- 300 gram provolone, mozzarella, manouri of andere milde en smeltbare kaas, versnipperd
- 2 eetlepels extra vergine olijfolie
- 4 teentjes knoflook, heel dun gesneden of fijngehakt
- Ongeveer 2 eetlepels rode wijnazijn
- 1 eetlepel kappertjes in pekel, uitgelekt
- 1 theelepel verkruimelde gedroogde oregano
- Verschillende malen zwarte peper
- 2 theelepels gehakte verse bladpeterselie

INSTRUCTIES:
a) Verwarm de grill voor.
b) Verdeel de artisjokken over het brood, leg ze op een bakplaat en beleg ze met de kaas.
c) Verhit de olijfolie in een zware koekenpan met anti-aanbaklaag op middelhoog vuur, voeg dan de knoflook toe en lichtbruin. Voeg de rode wijnazijn, kappertjes, oregano en zwarte peper toe en kook een minuut of twee, of tot de vloeistof is ingekookt tot ongeveer 2 theelepels.
d) Roer de peterselie erdoor. Schep het brood met kaas erop.
e) Rooster tot de kaas smelt, borrelt en op plekken goudbruin wordt. Eet meteen.

31. Kippensandwich uit Seattle

INGREDIËNTEN:
- 6 sneetjes Italiaans brood
- ⅓ kopje basilicumpesto
- 3 ons gesneden prosciutto, optioneel
- 1 blikje artisjokharten, uitgelekt en in plakjes gesneden
- 1 (7 ounces) pot geroosterde rode paprika's, uitgelekt en in reepjes gesneden
- 12 ons gekookte kip, in reepjes gesneden
- 4 -6 ons geraspte provolonekaas

INSTRUCTIES:
a) Voordat u iets doet, verwarm de oven voor op 450 F.
b) Bestrijk één kant van elk sneetje brood met pesto.
c) Verdeel de plakjes prosciutto, gevolgd door artisjokplakken, rode paprikareepjes en kipreepjes over de sneetjes brood.
d) Leg 6 stukken folie op een snijplank. Leg elke sandwich voorzichtig in een stuk folie en wikkel het eromheen.
e) Leg ze op een bakplaat en bak ze 9 minuten in de oven.
f) Gooi de stukjes folie weg en plaats de open sandwiches terug op de bakplaat.
g) Strooi er de geraspte kaas over. Rooster de sandwiches nog 4 minuten in de oven.
h) Serveer uw broodjes warm met uw favoriete toppings.
i) Genieten.

32. Gegrilde Kaas Met Artisjokken

INGREDIËNTEN:
- 2 theelepels Dijon mosterd
- 8 ons Sandwichbroodjes, (4 broodjes) gespleten en geroosterd
- ¾ ons Vetvrije Amerikaanse plakjes kaas, (8 plakjes)
- 1 kopje Gesneden uitgelekte artisjokharten uit blik
- 1 Tomaat, in plakjes van ¼ inch dik
- 2 eetlepels Olievrije Italiaanse dressing

INSTRUCTIES:
a) Verdeel ½ theelepel mosterd over de bovenste helft van elke rol; opzij zetten.
b) Leg de onderste helften van de broodjes op een bakplaat.
c) Beleg elk met 2 plakjes kaas, ¼ kopje gesneden artisjok en 2 plakjes tomaat; besprenkel elk met 1-½ theelepel dressing.
d) Rooster gedurende 2 minuten of tot de kaas smelt. Bedek met toppen van rollen.

HOOFDGERECHT

33. Artisjok Risotto

INGREDIËNTEN:
- 2 Aardpeertjes
- 2 eetlepels plantaardige boter
- 1 Citroen
- 2 eetlepels Olijfolie
- 1 portabella paddestoel
- 2½ kopje groentebouillon
- 1 ui; gehakt
- 1 kopje Droge witte wijn
- 2 Knoflookteentjes; gehakt
- Zout en peper; proeven
- 1 kopje arborio rijst
- 1 eetlepel Peterselie; gehakt

INSTRUCTIES:
BEREIDING VAN DE ARTISJOKKEN:
a) Begin met het bereiden van de artisjokken. Snijd van elke artisjok het bovenste derde deel af en verwijder de harde buitenste bladeren. Snijd de stengel af, laat ongeveer een centimeter intact.

b) Snijd met een scherp mes of een dunschiller de harde buitenste laag van de stengel weg.

c) Snijd de artisjokken in de lengte doormidden en schep de choke (het pluizige midden) eruit met een lepel. Plaats de artisjokken onmiddellijk in een kom met water vermengd met citroensap om te voorkomen dat ze bruin worden.

d) Snijd de portobello-paddenstoel in vieren en snijd elk kwart in dunne plakjes. Hak de peterselie en de knoflookteentjes fijn.

KOKEN VAN DE RISOTTO:
e) Verhit de groentebouillon in een pan op middelhoog vuur tot het kookt. Verhit de olijfolie en plantaardige boter in een aparte grote koekenpan of braadpan op middelhoog vuur. Voeg de gehakte ui en knoflook toe en kook tot ze zacht en geurig zijn, ongeveer 2-3 minuten.

f) Roer de Arborio-rijst erdoor en bestrijk deze met het olie- en botermengsel. Laat nog 1-2 minuten koken, zodat de rijst lichtjes kan roosteren.

g) Giet de droge witte wijn erbij, onder voortdurend roeren, totdat de vloeistof grotendeels door de rijst is opgenomen.

h) Begin met het toevoegen van de kokende groentebouillon aan de rijst, pollepel per keer, en roer regelmatig. Zorg ervoor dat elke toevoeging van bouillon door de rijst wordt opgenomen voordat je er meer toevoegt. Ga door met dit proces totdat de rijst romig en zacht is, maar nog steeds enigszins stevig bijt, ongeveer 20-25 minuten.

i) Zodra de risotto bijna gaar is, roer je de achtergehouden artisjokken, de gesneden champignons en de gehakte peterselie erdoor. Kook nog eens 2-3 minuten, of tot de artisjokken en champignons gaar en gaar zijn.

j) Breng de risotto op smaak met zout en peper. Knijp indien gewenst de resterende citroenhelft over de risotto om een heldere, citrusachtige smaak toe te voegen.

k) Serveer de artisjokrisotto warm, eventueel gegarneerd met extra fijngehakte peterselie.

34. Artisjok En Parmezaanse Kaas En Croute

INGREDIËNTEN:

- 1 vel bladerdeeg, ontdooid
- 1 kopje artisjokharten, gehakt
- ½ kopje geraspte Parmezaanse kaas
- ½ kopje roomkaas, verzacht
- 2 eetlepels mayonaise
- 1 eetlepel vers citroensap
- 2 teentjes knoflook, fijngehakt
- Zout en peper naar smaak
- 1 ei, losgeklopt (voor het wassen van eieren)

INSTRUCTIES:

a) Verwarm uw oven voor op 200°C.
b) Rol het bladerdeeg op een met bloem bestoven oppervlak uit tot een rechthoek.
c) Meng in een kom de gehakte artisjokharten, geraspte Parmezaanse kaas, roomkaas, mayonaise, vers citroensap, gehakte knoflook, zout en peper. Zorg ervoor dat de ingrediënten goed gecombineerd zijn.
d) Verdeel het artisjok-parmezaanse mengsel gelijkmatig over het bladerdeeg en laat een kleine rand langs de randen vrij.
e) Rol het bladerdeeg voorzichtig op, beginnend vanaf een van de langere zijden. Sluit de randen af door er zachtjes op te drukken.
f) Leg de opgerolde artisjok en Parmezaanse kaas En Croute met de naad naar beneden op een bakplaat. Bestrijk het hele oppervlak met het losgeklopte ei voor een gouden afwerking.
g) Gebruik een scherp mes om de bovenkant van het deeg lichtjes in te snijden, zodat de stoom tijdens het bakken kan ontsnappen.
h) Bak in de voorverwarmde oven gedurende 20-25 minuten of tot het deeg goudbruin en gepoft is.
i) Laat de en croute een paar minuten afkoelen voordat je hem aansnijdt. Serveer warm als voorgerecht of als smaakvol bijgerecht.

35. Artisjoktaart

INGREDIËNTEN:
- 1 blind gebakken taartbodem in 10 fluitjes; D
- 1 taartvorm
- 2 eetlepels olijfolie
- 1 ons pancetta; julienne
- ½ kopje gehakte ui
- 2 eetlepels gehakte sjalotjes
- 6-ounce julienned artisjokharten
- 1 eetlepel gehakte knoflook
- ¼ kopje zware room
- 3 eetlepels chiffonade verse basilicum
- 1 sap van één citroen
- ½ kopje geraspte Parmigiano-Reggiano-kaas
- ½ kopje geraspte Asiago-kaas
- 1 zout; proeven
- 1 versgemalen zwarte peper; proeven
- 1 kopje gekruide tomatensaus; warm
- 1 eetlepel chiffonadebasilicum
- 2 eetlepels geraspte Parmezaanse kaas

INSTRUCTIES:
a) Verwarm de oven voor op 350 graden.
b) Verhit de olijfolie in een koekenpan.
c) Bak de pancetta gedurende 1 minuut.
d) Voeg de uien en sjalotten toe en bak 2 tot 3 minuten.
e) Voeg de harten en knoflook toe en bak nog 2 minuten.
f) Voeg de room toe. Breng op smaak met zout en peper. Roer de basilicum en het citroensap erdoor.
g) Haal van het vuur en laat afkoelen. Verdeel het artisjokkenmengsel over de bodem van de taartvorm. Strooi de kaas over het mengsel.
h) Bak gedurende 15 tot 20 minuten of tot de kazen zijn gesmolten en goudbruin zijn. Schep een laagje saus in het midden van het bord. Leg een plakje taart in het midden van de saus.
i) Garneer met geraspte kaas en basilicum.

36. Paella op Mexicaanse wijze

INGREDIËNTEN:
- 1 hele kippengrill, in stukken gesneden
- 2 teentjes knoflook
- ¼ kopje olie
- 1 pond rauwe garnalen
- 4 grote tomaten, in plakjes gesneden
- 1 pond erwten
- 12 artisjokharten
- 1 ½ kopje bruine rijst
- 6 strengen saffraan
- 1 kopje in blokjes gesneden ui
- 1 groene paprika, in blokjes gesneden
- 1 rode paprika, in blokjes gesneden
- 1 theelepel paprikapoeder
- 1 kopje witte wijn
- 2 kopjes water

INSTRUCTIES:
a) Bak de kip en knoflook bruin in de olie. Eenmaal bruin, verwijder de stukken kip in een grote braadpan.
b) Voeg de garnalen, de gesneden tomaten, de erwten en de artisjokharten toe aan de ovenschaal.
c) In dezelfde olie waarmee de kip bruin is geworden, bak je de bruine rijst, de saffraan, de in blokjes gesneden ui en de in blokjes gesneden groene en rode paprika ongeveer 7 minuten.
d) Voeg de gebakken rijst en groenten toe aan de ovenschaal. Strooi paprikapoeder over de ingrediënten.
e) Giet de witte wijn en het water erbij.
f) Bak de ovenschotel onbedekt op 350 graden Fahrenheit gedurende ongeveer 1 uur of totdat de rijst volledig gaar is.

37.Polenta Torta Met Champignons En Artisjok

INGREDIËNTEN:
- 2 kopjes champignons; gesneden
- 1 kopje courgette; dun gesneden
- 1 kop gele pompoen; dun gesneden
- ½ kopje groene uien; dun gesneden
- ¼ kopje Droge rode wijn
- 1 kop Tomaat; gehakt gezaaid
- ½ theelepel knoflookpoeder
- ¼ theelepel uienpoeder
- 1 blikje artisjokharten (14 ons); uitgelekt en grof gesneden
- 1 pakje (10-ounce) bevroren gehakte spinazie; ontdooid, uitgelekt en drooggeperst
- 1 kop vetvrije ricottakaas
- ½ kopje (2 ons) halfvolle mozzarellakaas; versnipperd
- ¼ kopje (1 ounce) verse Parmezaanse kaas; geraspt
- 3 grote eiwitten; licht geslagen
- 1 groot ei
- 1¼ kopje Polenta
- ½ kopje rode paprika; gehakt
- ¼ kopje verse peterselie; gehakt
- 1 theelepel oregano; droog
- ¾ theelepel zout
- ½ theelepel basilicum; droog
- ¼ theelepel Peper
- 4 kopjes water
- ¼ kopje (1 ounce) verse Parmezaanse kaas; geraspt
- Bak spray

INSTRUCTIES:
a) Om spinazievulling te bereiden: Verwarm de oven voor op 350 ° F. Combineer de eerste vijf ingrediënten in een grote koekenpan met anti-aanbaklaag; goed roeren. Kook op middelhoog vuur 7 minuten of tot de groenten gaar zijn en de vloeistof bijna verdampt.

b) Schep in een kom; roer de gehakte tomaat, knoflookpoeder, uienpoeder, artisjokken en spinazie erdoor. Combineer de resterende ingrediënten in een kleine kom; goed roeren. Voeg toe aan het champignonmengsel; goed roeren. Opzij zetten.

c) Om Herbed Polenta te bereiden: Combineer de eerste 7 ingrediënten in een grote pan.
d) Voeg geleidelijk water toe, onder voortdurend roeren met een garde. Aan de kook brengen; zet het vuur laag tot medium. Kook, 15 minuten, onder regelmatig roeren. Parmezaanse kaas erdoor roeren. Schep de polenta in een 25 cm grote springvorm bedekt met kookspray en verdeel gelijkmatig.
e) Om het recept compleet te maken: Verdeel de spinazievulling over gekruide polenta. Top met 1 kop (¼ inch dikke) plakjes tomaat; bestrooi met ½ kopje (2 ounces) geraspte, halfvolle mozzarellakaas. Plaats de pan op een bakplaat.
f) Bak, onbedekt, op 350 graden F gedurende 1 uur of tot het is uitgehard.
g) Laat 10 minuten afkoelen op een rooster. Snijd in 8 partjes en serveer met natriumarme spaghettisaus.

38.Italiaanse artisjoktaart

INGREDIËNTEN:
- 3 Eieren; Geslagen
- 1 3 Oz-pakket roomkaas met bieslook; Verzacht
- ¾ theelepel Knoflook poeder
- ¼ theelepel Peper
- 1½ kopje Mozzarella Kaas, Gedeeltelijke Magere Melk; Versnipperd
- 1 kopje Ricotta kaas
- ½ kopje Mayonaise
- 1 14 Oz blikje artisjokharten; Gedraineerd
- ½ 15 Oz blikje Garbanzo-bonen, ingeblikt; Gespoeld en uitgelekt
- 1 2 1/4 Oz blik gesneden olijven; Gedraineerd
- 1 2 Oz pot Pimientos; In blokjes gesneden en uitgelekt
- 2 eetlepels Peterselie; Geknipt
- 1 Taartkorst (9 inch); Ongebakken
- 2 kleintjes Tomaten; Gesneden

INSTRUCTIES:
a) Combineer eieren, roomkaas, knoflookpoeder en peper in een grote mengkom. Combineer 1 kopje mozzarellakaas, ricottakaas en mayonaise in een mengkom.
b) Roer totdat alles goed gemengd is.
c) Snijd 2 artisjokharten doormidden en leg ze opzij. Hak de rest van de harten fijn.
d) Meng het kaasmengsel met gehakte harten, kekerbonen, olijven, pimientos en peterselie. Vul de bladerdeegschaal met het mengsel.
e) Bak gedurende 30 minuten op 350 graden. De resterende mozzarellakaas en Parmezaanse kaas moeten erover worden gestrooid.
f) Bak nog eens 15 minuten of tot het gaar is.
g) Laat 10 minuten rusten.
h) Verdeel de plakjes tomaat en de in vieren gesneden artisjokharten erover.

39. In De Pan Geschroeide Seitan Met Artisjokken En Olijven

INGREDIËNTEN:
- 2 eetlepels olijfolie
- 1 pond seitan, zelfgemaakt of in de winkel gekocht, in plakjes van 1/4 inch gesneden
- 2 teentjes knoflook, fijngehakt
- 1 blikje tomatenblokjes, uitgelekt
- 1½ kopje ingeblikte of bevroren (gekookte) artisjokharten, in plakjes van 1/4 inch gesneden
- 1 eetlepel kappertjes
- 2 eetlepels gehakte verse peterselie
- Zout en versgemalen zwarte peper
- 1 kopje Tofu Feta (optioneel)

INSTRUCTIES:
a) Verwarm de oven voor op 250 ° F. Verhit 1 eetlepel olie in een grote koekenpan op middelhoog vuur. Voeg de seitan toe en bak aan beide kanten bruin, ongeveer 5 minuten.
b) Doe de seitan op een hittebestendige schaal en houd warm in de oven.
c) Verhit in dezelfde koekenpan de resterende 1 eetlepel olie op middelhoog vuur. Voeg de knoflook toe en kook tot het geurig is, ongeveer 30 seconden.
d) Voeg de tomaten, artisjokharten, olijven, kappertjes en peterselie toe. Breng op smaak met peper en zout en kook tot het heet is, ongeveer 5 minuten. Opzij zetten.
e) Leg de seitan op een serveerschaal, schep het groentemengsel erop en bestrooi eventueel met tofu-feta. Serveer onmiddellijk.

40. Italiaanse Truck-Stop Artisjokrisotto

INGREDIËNTEN:
- 2 eetlepels olijfolie
- ½ kopje bevroren artisjokharten, ontdooid en gehakt
- 2 teentjes knoflook, fijngehakt
- ½ kopje Arboriorijst
- ½ kopje droge witte wijn
- 4 1/2 kopjes hete groentebouillon, zelfgemaakt (zie Lichte groentebouillon) of in de winkel gekocht Zout en versgemalen zwarte peper
- ¼ kopje gehakte verse basilicum

INSTRUCTIES:
a) Verhit de olie in een grote pan op middelhoog vuur.
b) Voeg de artisjokharten en knoflook toe. Dek af en kook tot ze zacht zijn, gedurende 5 minuten. Voeg de rijst toe en roer zodat deze bedekt is met olie.
c) Voeg de wijn toe en roer zachtjes tot de vloeistof is opgenomen.
d) Voeg de bouillon 1 kopje per keer toe, roer tot de vloeistof vóór elke toevoeging is opgenomen. Voeg zout en peper naar smaak toe.
e) Laat sudderen tot de rijst zacht is en de consistentie romig is. Voeg de basilicum toe en proef, pas indien nodig de kruiden aan. Serveer onmiddellijk.

41. Stracchino Met Artisjokken, Citroen En Olijven

INGREDIËNTEN:
VOOR DE ARTISJOKKEN
- 1 citroen
- 4 ons baby-artisjokken (2 tot 3 artisjokken)
- 1 eetlepel extra vergine olijfolie
- 1 eetlepel dun gesneden verse Italiaanse peterselieblaadjes
- 1 groot teentje knoflook, fijngehakt

VOOR DE PIZZA
- 1 rondje pizzadeeg
- 1 eetlepel extra vergine olijfolie
- Kosjer zout
- 2 ons Stracchino, in kleine stukjes gescheurd
- 1/2-ounce mozzarella met laag vochtgehalte, gesneden in blokjes van 1/2-inch
- 1 ounce ontpitte Taggiasche- of Niçoise-olijven
- 1 theelepel dun gesneden verse Italiaanse peterselieblaadjes
- 1 citroen
- Wig van Parmigiano-Reggiano, om te raspen
- 1/2 kopje los verpakte rucola (bij voorkeur wilde rucola)

INSTRUCTIES:
a) Om de artisjokken te bereiden, vul je een grote kom met water. Snijd de citroen doormidden, pers het sap in het water en laat de citroenhelften in het water vallen.

b) Verwijder de buitenste bladeren van de artisjokken totdat je alleen de lichtgroene kern overhoudt. Snijd de harde stengeluiteinden af, maar laat er wel 1 of 2 inch aan vastzitten. Gebruik een dunschiller of een klein scherp mes om de artisjokkenstengels te scheren, zodat de lichtgroene binnenste stengels zichtbaar worden. Snij 1/2 inch tot 3/4 inch af van de uiteinden van de bladeren, zodat ze platte toppen hebben, en gooi alle bijgesneden bladeren en stukjes weg.

c) Snij boven de bodem af om alle bladeren los te laten, rafel de bladeren uit en plaats ze in het aangezuurde water om te voorkomen dat ze bruin worden. Snij de stengels in dunne plakjes en voeg ze toe aan het aangezuurde water. Om de artisjokken van tevoren klaar te maken, doe je ze samen met het aangezuurde water in een luchtdichte verpakking en zet je ze in de koelkast tot je klaar bent om ze te gebruiken, of maximaal twee dagen. Giet de bladeren en stengels af. Droog de kom en doe de artisjokken terug in de kom. Voeg de olijfolie , peterselie en knoflook toe en meng de artisjokken met de kruiden.

d) Om de pizza te bereiden, bereidt u het deeg, rekt u het uit en verwarmt u de oven voor.

e) Bestrijk de rand van het deeg met olijfolie en bestrooi het gehele oppervlak met zout. Verdeel de artisjokblaadjes over het oppervlak van de pizza, zodat deze bedekt is, maar laat een rand van 2,5 cm vrij van de pizza zonder topping. Verdeel de stracchino, mozzarella en olijven over de artisjokblaadjes. Schuif de pizza in de oven en bak tot de kaas gesmolten is en de korst goudbruin en knapperig is, 8 tot 12 minuten. Haal de pizza uit de oven en snijd hem in vieren.

f) Strooi de peterselie over de pizza en gebruik een microplane of een andere fijne rasp om de citroenschil over het oppervlak te raspen.

g) Rasp een dun laagje Parmigiano-Reggiano over de pizza, strooi de rucola erover en serveer.

42. Geladen mediterrane polenta

INGREDIËNTEN:
- 1 kop polenta
- 4 kopjes groentebouillon
- 2 eetlepels olijfolie
- 1 ui, fijngehakt
- 2 teentjes knoflook, fijngehakt
- 1 blik tomatenblokjes (400 g), uitgelekt
- 1 kopje artisjokharten, gehakt
- ½ kopje Kalamata-olijven, in plakjes gesneden
- 1 theelepel gedroogde oregano
- 1 theelepel gedroogde basilicum
- Zout en peper naar smaak
- ½ kopje fetakaas, verkruimeld (optioneel, voor garnering)
- Verse peterselie, gehakt (voor garnering)

INSTRUCTIES:
a) Breng de groentebouillon in een middelgrote pan aan de kook. Klop de polenta langzaam erdoor en roer voortdurend om klontjes te voorkomen.

b) Zet het vuur laag en laat sudderen, onder regelmatig roeren, tot de polenta dik en romig is (volg de instructies op de verpakking).

c) Verhit olijfolie in een aparte koekenpan op middelhoog vuur. Voeg de fijngesneden ui toe en bak tot deze glazig is.

d) Voeg de gehakte knoflook toe aan de pan en bak nog 1-2 minuten.

e) Roer de uitgelekte, in blokjes gesneden tomaten, gehakte artisjokharten, gesneden Kalamata-olijven, gedroogde oregano, gedroogde basilicum, zout en peper erdoor. Kook 5-7 minuten tot het mengsel is opgewarmd.

f) Giet het mediterrane groentemengsel over de polenta en roer zachtjes door.

g) Indien gewenst, bestrooi met verkruimelde fetakaas en verse peterselie voordat u het serveert.

PIZZA

43. Spinazie Artisjok Pizza

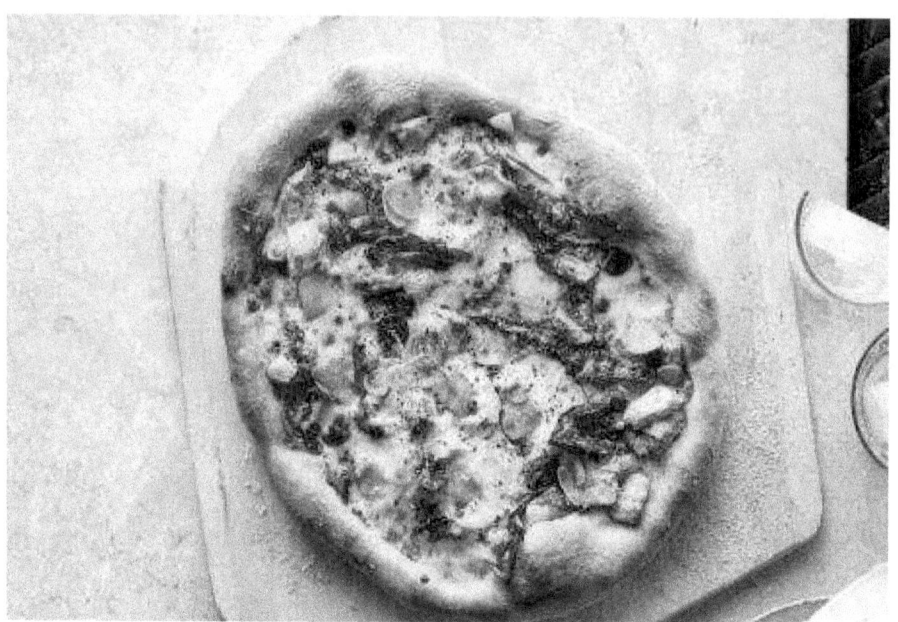

INGREDIËNTEN:
- 1 blik witte bonen
- ¼ kopje water
- 2 eetlepels edelgist
- ½ kopje cashewnoten
- 1 eetlepel vers citroensap
- 1 ui, gehakt
- 5 kopjes verse spinazie
- 2 teentjes knoflook, fijngehakt
- 1 blikje artisjokharten, uitgelekt
- zout
- zwarte peper
- rode pepervlokken
- 2 kant-en-klaar pizzadeeg
- ½ kopje mozzarellakaas

INSTRUCTIES:
a) Verwarm de oven voor op 350 ° F.
b) Spoel de witte bonen uit blik af, laat ze uitlekken en doe ze samen met de cashewnoten, het citroensap, het water en de edelgist in een blender. Als je het wat makkelijker wilt maken voor je blender, kun je hem 4-6 uur in water laten weken voordat je hem gebruikt. Aan de kant zetten.
c) Verhit wat olie in een grote pan en fruit de ui ongeveer 3 minuten tot ze glazig worden. Voeg na 2 minuten de knoflook toe. Voeg vervolgens 2 kopjes spinazie toe en kook nog 3 minuten. Roer het gemengde mengsel van witte bonen en cashewnoten erdoor. Breng op smaak met peper, zout en rode pepervlokken.
d) Verdeel gelijkmatig over het pizzadeeg. Snij de artisjokharten in vieren en leg ze samen met de overgebleven spinazie op de pizza. Bestrooi met kaas.
e) Bak de pizza 8 minuten of bekijk de instructies op de verpakking.

44. Art- tichoke en olijfpizza

INGREDIËNTEN:
- Voorgebakken pizzabodem van 12 inch
- ½ kopje pesto
- 1 rijpe tomaat, gehakt
- ½ kopje groene paprika, gehakt
- 2-ounce blikje gehakte zwarte olijven, uitgelekt
- ½ rode ui, gehakt
- 4-ounce blikje artisjokharten, uitgelekt en in plakjes gesneden
- 1 kopje verkruimelde kaas

INSTRUCTIES:
a) Zet uw oven op 450 graden F voordat u iets anders doet.
b) Leg het deeg op een pizzavorm.
c) Verdeel een dunne laag pesto gelijkmatig over de korst en beleg met de groenten en kaas.
d) Bestrooi de pizza met de kaas en bak alles ongeveer 8-10 minuten in de oven.

45. Pita-pizza's met gedroogde tomaten

INGREDIËNTEN:
- 8 ons zongedroogde tomaten
- ⅛ theelepel Hete pepersaus
- 4 Pitabroodjes
- 1½ kopje Fontina-kaas; versnipperen
- 7oz blikje artisjokharten; uitgelekt en in plakjes gesneden
- ⅓ kopje Gesneden rijpe olijven
- 2 theelepels Gedroogde basilicum
- Knoflook, geperst

INSTRUCTIES:
a) Verwarm de bakplaat voor in een oven van 450~. Giet de olie van gemarineerde tomaten af in een kleine kom; zet de tomaten opzij. Meng knoflook en hete pepersaus met olie.
b) Bestrijk beide kanten van het brood. Bestrijk de broden met de helft van de kaas.
c) Verdeel de tomaten, artisjokken, olijven en kruiden over de kaas en verdeel ze gelijkmatig. Top met de resterende kaas; plaats op bakplaat.
d) Bak 8 tot 10 minuten tot het brood knapperig is.

46. Artisjok Pesto Pizza

INGREDIËNTEN:
- 1 voorbereide pizzabodem
- ¼ kopje pestosaus
- 6 ons. gegrilde kipfilets, in plakjes gesneden
- 1 (6 oz.) potten in vieren gesneden gemarineerde artisjokharten, uitgelekt
- 1/3 kopje zongedroogde tomaat verpakt in olie, uitgelekt en gehakt
- 2 oz. knoflook en kruidengeitenkaas
- 1 ½ kop geraspte pizzakaas, meng geroosterde olijfolie met knoflooksmaak, voor het bestrijken van de korst

INSTRUCTIES:
a) Zet uw oven op 400 graden F voordat u iets anders doet
b) Bestrijk de korst gelijkmatig met de knoflookolie en beleg met de pesto, gevolgd door de kip, artisjokken, tomaten, geitenkaas en kaas.
c) Kook ongeveer 10 minuten in de oven.
d) Haal het uit de oven en geniet ervan.

47. Vier Seizoenen Pizza/Quattro Stagioni

INGREDIËNTEN:
- 1 recept voor Traditioneel Italiaans basisdeeg
- Mozzarella, 6 ons, in plakjes gesneden
- Prosciutto, 3 ons, in plakjes gesneden
- Shiitake-paddenstoel, één kopje, in plakjes gesneden
- Olijven, ½ kopje, in plakjes gesneden
- Pizzasaus, een half kopje
- In vieren gesneden artisjokharten, één kopje
- Geraspte Parmigiana, 2 ons

INSTRUCTIES:
a) Vorm het deeg tot een cirkel met een diameter van 14 inch. Doe dit door de randen vast te houden en het deeg voorzichtig te draaien en uit te rekken.
b) Bestrijk het deeg met pizzasaus.
c) Verdeel de plakjes mozzarella er gelijkmatig over.
d) Later de artisjokharten, prosciutto, champignons en olijven in vier kwart van de pizza.
e) Verdeel de geraspte Parmigiana erover.
f) Grill/bak gedurende 18 minuten.

48. Artisjok & Prosciutto Pita Pizza

INGREDIËNTEN:
- Gehakte artisjokharten
- Rode ui, gesneden
- Geraspte mozzarellakaas, één kopje
- Verse basilicum, ter garnering
- Prosciutto
- Geroosterde rode pepersaus, één kopje
- Parmezaanse kaas, een half kopje, geraspt
- Geroosterde rode paprika

INSTRUCTIES:
a) Verwarm de oven tot 450 graden Fahrenheit.
b) Bestrijk elke pitabroodje aan beide kanten lichtjes met olijfolie.
c) Breng rode pepersaus en geraspte mozzarella aan op elke pita.
d) Bestrooi met zout, Parmezaanse kaas en fijngehakte toppings.
e) Bak gedurende 5 minuten en serveer gegarneerd met verse basilicum.

PASTA

49. Feestpasta Met Prosciutto

INGREDIËNTEN:
- 1 pakje spinaziefettuccine
- ½ kopje boter; verdeeld
- 2 kopjes Dunne prosciuttoreepjes; (ongeveer ⅓ pond)
- 5½ kopje slagroom
- 1 blikje artisjokharten; uitgelekt en gehalveerd
- ½ kopje Gehakte verse of bevroren bieslook

INSTRUCTIES:
a) Kook pasta volgens de aanwijzingen op de verpakking; droogleggen. Smelt ¼ kopje boter in een Nederlandse oven op middelhoog vuur.
b) Voeg prosciutto toe; sauteren tot ze bruin zijn. Droogleggen.
c) Opzij zetten.
d) Smelt de resterende ¼ kopje boter in een Nederlandse oven op middelhoog vuur. Voeg gekookte pasta, slagroom, artisjokharten en ¼ kopje bieslook toe; zachtjes gooien.
e) Overbrengen naar een serveerschaal; bestrooi met prosciutto en de resterende bieslook.
f) Serveer onmiddellijk.

50.Spinazie En Artisjok Mac-en-Kaas Bakken

INGREDIËNTEN:
- 6 eetlepels gezouten boter, op kamertemperatuur
- 1 doos (1 pond) korte pasta, zoals macaroni
- 2 kopjes volle melk
- 1 (8-ounce) pakje roomkaas, in blokjes
- 3 kopjes geraspte scherpe cheddarkaas
- Kosjer zout en versgemalen peper
- Gemalen cayennepeper
- 2 kopjes verpakte verse babyspinazie, gehakt
- 1 pot (8 ounce) gemarineerde artisjokken, uitgelekt en grof gehakt
- 1½ kopjes gemalen Ritz-crackers (ongeveer 1 hoes)
- ¾ theelepel knoflookpoeder

INSTRUCTIES:
a) Verwarm de oven voor op 375 ° F. Vet een ovenschaal van 9 x 13 inch in.
b) Breng in een grote pan 4 kopjes gezout water aan de kook op hoog vuur. Voeg de pasta toe en kook, af en toe roerend, gedurende 8 minuten. Roer de melk en de roomkaas erdoor en kook tot de roomkaas is gesmolten en de pasta al dente is, nog ongeveer 5 minuten.
c) Haal de pan van het vuur en roer er 2 kopjes cheddar en 3 eetlepels boter door. Breng op smaak met zout, peper en cayennepeper. Roer de spinazie en artisjokken erdoor. Als de saus te dik aanvoelt, voeg dan ¼ kopje melk of water toe om de saus te verdunnen.
d) Breng het mengsel over naar de voorbereide ovenschaal. Bestrijk met de resterende 1 kopje cheddar.
e) Roer in een middelgrote kom de crackers, de resterende 3 eetlepels boter en het knoflookpoeder door elkaar. Strooi de kruimels gelijkmatig over de mac en kaas.
f) Bak tot de saus borrelt en de kruimels goudbruin zijn, ongeveer 20 minuten. Laat 5 minuten afkoelen en serveer. Bewaar eventuele restjes gekoeld in een luchtdichte verpakking gedurende maximaal 3 dagen.

51. Artisjok-Walnoot Ravioli

INGREDIËNTEN:
- ¹/₃ kopje plus 2 eetlepels olijfolie
- 3 teentjes knoflook, fijngehakt
- 1 (10 ounce) pakket bevroren spinazie, ontdooid en drooggeperst
- 1 kopje bevroren artisjokharten, ontdooid en gehakt
- ¹/₃ kopje stevige tofu, uitgelekt en verkruimeld
- 1 kopje geroosterde walnootstukjes
- ¹/₄ kop stevig verpakte verse peterselie
- Zout en versgemalen zwarte peper
- 1 Eivrij pastadeeg
- 12 verse salieblaadjes

INSTRUCTIES:
a) Verhit 2 eetlepels olie in een grote koekenpan op middelhoog vuur. Voeg de knoflook, spinazie en artisjokharten toe. Dek af en kook tot de knoflook zacht is en de vloeistof is opgenomen, ongeveer 3 minuten, af en toe roerend. Breng het mengsel over naar een keukenmachine. Voeg de tofu, een half kopje walnoten, de peterselie en zout en peper naar smaak toe. Verwerk tot het fijngehakt en grondig gemengd is.

b) Zet opzij om af te koelen.

c) Om de ravioli te maken, rolt u het deeg zeer dun uit (ongeveer 1⁄8 inch) op een licht met bloem bestoven oppervlak en snijdt u het in reepjes van 5,5 cm breed. Plaats 1 volle theelepel vulling op een pastastrook, ongeveer 2,5 cm van de bovenkant. Plaats nog een theelepel vulling op de pastastrook, ongeveer 2,5 cm onder de eerste lepel vulling. Herhaal dit over de gehele lengte van de deegstrook.

d) Maak de randen van het deeg licht nat met water en leg een tweede strook pasta op de eerste, zodat de vulling bedekt is.

e) Druk de twee lagen deeg samen tussen de porties vulling. Gebruik een mes om de zijkanten van het deeg af te snijden, zodat het recht wordt, en snijd vervolgens het deeg tussen elke berg vulling door om vierkante ravioli te maken. Gebruik de tanden van een vork om langs de randen van het deeg te drukken om de ravioli dicht te plakken. Doe de ravioli op een met bloem bestoven bord en herhaal met het resterende deeg en de vulling.

f) Kook de ravioli in een grote pan met kokend gezouten water tot ze boven komen drijven, ongeveer 7 minuten. Laat goed uitlekken en zet opzij. Verhit de resterende ½ kopje olie in een grote koekenpan op middelhoog vuur. Voeg de salie en de resterende ¾ kop walnoten toe en kook tot de salie knapperig wordt en de walnoten geurig worden.
g) Voeg de gekookte ravioli toe en kook, al roerend, zodat deze bedekt is met de saus en laat doorwarmen. Serveer onmiddellijk.

52. Penne Paella Met Spinazie En Artisjok

INGREDIËNTEN:

- 8 ons pennepasta
- 1 blik artisjokharten, uitgelekt en fijngehakt
- 2 kopjes verse spinazie
- 1 ui, fijngehakt
- 2 teentjes knoflook, fijngehakt
- 1 rode paprika, in blokjes gesneden
- 1 theelepel gerookte paprikapoeder
- ½ theelepel saffraandraadjes (optioneel)
- 2 kopjes groentebouillon
- Zout en peper naar smaak
- Olijfolie om te koken
- Geraspte Parmezaanse kaas voor garnering

INSTRUCTIES:

a) Kook de pennepasta volgens de instructies op de verpakking. Giet af en zet opzij.
b) Verhit olijfolie in een grote pan op middelhoog vuur. Voeg uien, knoflook en paprika toe. Sauteer tot de groenten gaar zijn.
c) Roer de gerookte paprikapoeder en saffraandraadjes erdoor (indien gebruikt).
d) Voeg artisjokharten en verse spinazie toe aan de pan. Kook tot de spinazie verwelkt is.
e) Giet de groentebouillon erbij en laat het een paar minuten sudderen.
f) Voeg de gekookte pennepasta toe en roer tot alles goed bedekt is. Breng op smaak met zout en peper.
g) Garneer voor het serveren met geraspte Parmezaanse kaas.

53. Agnolotti Met Artisjokkensaus

INGREDIËNTEN:
VOOR SAUS:
- 1 (9 ounce) pakket bevroren artisjokharten, ontdooid en gehakt
- 1 kopje diepvrieserwten (niet ontdooien)
- 1 kopje half en half
- 1 teentje knoflook, geperst
- ⅛ theelepel rode pepervlokken
- 1 theelepel fijn geraspte citroenschil
- 2 theelepels vers citroensap
- Zout

VOOR PASTA:
- 1 pond gekoelde kaas-agnolotti (of ravioli)
- 1 kopje geraspte Parmezaanse kaas
- ¼ kopje verse basilicumblaadjes, gehakt

INSTRUCTIES:
VOOR SAUS:
a) Combineer de artisjokken, de helft om de helft, de knoflook, de rode pepervlokken en ¼ theelepel zout in een vacuümdichte zak.
b) Stel uw Sous Vide-machine in op 165F/73,8C en plaats de zak gedurende 30 minuten in het waterbad.

VOOR PASTA:
c) Terwijl de saus kookt, breng je een pan water aan de kook en voeg je de agnolotti toe. Giet de pasta af, maar bewaar de helft van het pastawater.
d) Verhit een pan op middelhoog vuur en als de saus klaar is in de Sous Vide-machine, haal je het zakje uit het water en giet je de inhoud in de pan. Voeg de pasta en een half kopje pastawater toe en roer om te coaten.
e) Voeg vervolgens de Parmezaanse kaas toe en roer. Serveer met gehakte basilicum.

54. Vlinderdaspasta Met Kreeft En Artisjokken

INGREDIËNTEN:
- 8 ons vlinderdaspasta
- 2 kreeftenstaarten, gekookt en vlees verwijderd
- 1 kopje artisjokharten, uitgelekt en gehakt
- 2 eetlepels boter
- 2 teentjes knoflook, fijngehakt
- ½ kopje kippen- of groentebouillon
- ½ kopje zware room
- ¼ kopje geraspte Parmezaanse kaas
- 1 eetlepel vers citroensap
- Zout en peper naar smaak
- Verse peterselie, gehakt (voor garnering)

INSTRUCTIES:
a) Kook de vlinderdaspasta volgens de instructies op de verpakking al dente. Giet af en zet opzij.
b) Smelt de boter in een grote koekenpan op middelhoog vuur. Voeg de gehakte knoflook toe en bak ongeveer een minuut tot het geurig is.
c) Voeg de artisjokharten toe aan de pan en kook 2-3 minuten, af en toe roerend.
d) Voeg het kreeftenvlees toe aan de koekenpan en kook nog 2 minuten, terwijl je voorzichtig roert om te combineren met de artisjokken.
e) Giet de kippen- of groentebouillon erbij en breng aan de kook. Laat het een paar minuten koken tot de bouillon iets inkookt.
f) Zet het vuur laag en roer de slagroom, Parmezaanse kaas en citroensap erdoor. Breng op smaak met zout en peper. Laat 3-4 minuten zachtjes sudderen, zodat de smaken zich kunnen vermengen.
g) Voeg de gekookte vlinderdaspasta toe aan de koekenpan en meng alles totdat de pasta goed bedekt is met de saus.
h) Haal van het vuur en garneer met gehakte peterselie.
i) Serveer de vlinderdaspasta met kreeft en artisjokken direct, terwijl deze nog warm is. Je kunt het begeleiden met een salade of knapperig brood.

55. Tonijn En Artisjok Lasagne

INGREDIËNTEN:

- 9 lasagna-noedels
- 2 blikjes tonijn, uitgelekt en in vlokken
- 1 kop gehakte artisjokharten (ingeblikt of bevroren)
- ½ kopje gehakte zwarte olijven
- ½ kopje gehakte zongedroogde tomaten
- 1 kopje ricottakaas
- 1 kop geraspte mozzarellakaas
- ½ kopje geraspte Parmezaanse kaas
- 2 kopjes marinarasaus
- 1 theelepel gedroogde basilicum
- Zout en peper naar smaak

INSTRUCTIES:

a) Verwarm uw oven voor op 190°C (375°F) en vet een ovenschaal van 9 x 13 inch lichtjes in.

b) Kook de lasagna-noedels volgens de instructies op de verpakking. Giet af en zet opzij.

c) Meng in een mengkom de tonijn, gehakte artisjokharten, zwarte olijven, zongedroogde tomaten, ricotta, geraspte mozzarella, geraspte Parmezaanse kaas, gedroogde basilicum, zout en peper. Goed mengen.

d) Verdeel een dunne laag marinarasaus op de bodem van de ovenschaal. Leg er drie lasagna-noedels op.

e) Verdeel een laagje tonijnmengsel over de noedels. Herhaal de lagen met drie lasagne-noedels en meer tonijnmengsel.

f) Bestrijk met de resterende drie lasagna-noedels en giet de resterende marinarasaus erover.

g) Strooi er nog wat geraspte Parmezaanse kaas overheen voor extra smaak.

h) Bedek de ovenschaal met folie en bak gedurende 25 minuten.

i) Verwijder de folie en bak nog eens 10 minuten tot de kaas gesmolten en bubbelend is.

j) Laat het een paar minuten afkoelen voordat je het serveert.

56. Lasagne Met Spinazie En Artisjok

INGREDIËNTEN:
- 12 lasagna-noedels
- 2 kopjes bechamelsaus (witte saus)
- 1 kop gehakte spinazie
- 1 kopje gemarineerde artisjokharten, gehakt
- 1 kopje in blokjes gesneden uien
- 3 teentjes knoflook, fijngehakt
- 2 eetlepels olijfolie
- 1 eetlepel edelgist
- Zout en peper naar smaak
- Veganistische mozzarellakaas (voor topping)

INSTRUCTIES:
a) Verwarm uw oven voor op 190°C en kook de lasagne-noedels volgens de instructies op de verpakking.
b) Verhit de olijfolie in een grote koekenpan op middelhoog vuur. Voeg de uien en knoflook toe en bak tot ze zacht zijn.
c) Voeg de gehakte spinazie toe en kook tot deze geslonken is. Roer de gehakte artisjokharten, edelgist, zout en peper erdoor. Goed mengen.
d) Verdeel een dun laagje bechamelsaus op de bodem van een ovenschaal. Leg er een laag gekookte lasagne-noedels op.
e) Verdeel een laagje van het spinazie-artisjokkenmengsel over de noedels. Herhaal de lagen.
f) Bestrijk de lasagne met de overgebleven bechamelsaus.
g) Strooi mozzarellakaas over de lasagne.
h) Bedek de ovenschaal met folie en bak gedurende 25 minuten. Verwijder de folie en bak nog eens 10 minuten tot de lasagne is opgewarmd en de kaas gesmolten en bubbelend is.
i) Laat de lasagne een paar minuten afkoelen voordat je hem serveert.

57. Gnocchi Met Champignons En Artisjokken

INGREDIËNTEN:
- 1 kopje gnocchi
- 2 kopjes gesneden champignons (zoals cremini of champignons)
- 1 kopje gemarineerde artisjokharten, uitgelekt en gehakt
- 2 eetlepels olijfolie
- 2 teentjes knoflook, fijngehakt
- ¼ kopje gehakte verse peterselie
- Zout en peper naar smaak
- Geraspte Parmezaanse kaas voor erbij

INSTRUCTIES:
a) Kook de gnocchi volgens de instructies op de verpakking tot ze naar de oppervlakte drijven. Giet af en zet opzij.
b) Verhit de olijfolie in een koekenpan op middelhoog vuur.
c) Voeg de gehakte knoflook toe en kook tot het geurig is.
d) Voeg de gesneden champignons toe aan de pan en bak tot ze zacht en goudbruin zijn.
e) Roer de gehakte artisjokharten en de gehakte verse peterselie erdoor. Laat een paar minuten koken om de smaken te combineren.
f) Voeg de gekookte gnocchi toe aan de koekenpan en roer tot ze goed bedekt zijn met de champignons en artisjokken.
g) Breng op smaak met zout en peper.
h) Serveer de gnocchi met champignons en artisjokken, bestrooid met geraspte Parmezaanse kaas.

58. Pastagratin Met Provençaalse Groenten

INGREDIËNTEN:
- 2 eetlepels olijfolie
- 3 middelgrote sjalotten, fijngehakt
- 2 teentjes knoflook, fijngehakt
- 1 middelgrote rode paprika, gehakt
- 1 middelgrote courgette, gehakt
- 1 (28 ounce) blik geplette tomaten
- 1/2 theelepel gedroogde tijm
- 1 eetlepel fijngehakte verse bladpeterselie
- Zout en versgemalen zwarte peper
- 12 ons penne of andere kleine pasta
- 1 kopje artisjokharten uit blik, uitgelekt en afgespoeld
- 1/2 kopje droge, ongekruide broodkruimels

INSTRUCTIES:
a) Verhit de olie in een grote koekenpan op middelhoog vuur. Voeg de sjalotten en knoflook toe en kook tot ze zacht zijn, ongeveer 3 minuten.
b) Voeg de paprika en courgette toe en kook tot ze gaar zijn, ongeveer 10 minuten. Roer de tomaten, tijm, peterselie en zout en zwarte peper naar smaak erdoor.
c) Snijd de artisjokken fijn en doe ze in de pan. Zet het vuur laag en laat 10 minuten sudderen om de smaken te mengen. Verwarm de oven voor op 350 ° F. Vet een gratinschaal of braadpan van 2 liter licht in met olie en zet opzij.
d) Kook de penne in een pan met kokend gezouten water, af en toe roerend, tot ze beetgaar zijn, ongeveer 10 minuten. Giet af en doe terug in de pot. Voeg het groentemengsel toe aan de pasta, meng goed en doe het in de voorbereide schaal.
e) Bestrooi met de broodkruimels, dek af met folie en bak tot het heet is, ongeveer 30 minuten. Ontdek en bak 10 minuten langer om de kruimels bruin te maken. Serveer onmiddellijk.

59. Spaanse Kikkererwten En Pasta

INGREDIËNTEN:

- 2 Eetlepels olijfolie
- 2 teentjes knoflook, fijngehakt
- ½ Eetlepel gerookt paprikapoeder
- 1 Eetlepel gemalen komijn
- ½ eetlepel gedroogde oregano
- ¼ Eetlepel cayennepeper
- Vers gekraakte zwarte peper
- 1 gele ui
- 2 kopjes ongekookte glutenvrije pasta
- 15-ounce blikje tomatenblokjes
- 15-ounce blikje kwart artisjokharten
- 19-ounce blik kikkererwten
- 1,5 kopjes groentebouillon
- ½ Eetlepels zout
- ¼ bosje verse peterselie, gehakt
- 1 verse citroen

INSTRUCTIES:
a) Doe de knoflook met de olijfolie in een grote koekenpan.
b) Laat 2 minuten sudderen, of tot de groenten zacht en geurig zijn.
c) Voeg aan de koekenpan de gerookte paprika, komijn, oregano, cayennepeper en versgemalen zwarte peper toe.
d) Roer de kruiden nog een minuut door de hete olie.
e) Voeg de ui toe aan de koekenpan, in blokjes gesneden.
f) Kook tot de ui zacht en doorschijnend is.
g) Voeg de pasta toe en kook nog 2 minuten.
h) Giet de kikkererwten en artisjokharten af voordat je ze aan de pan toevoegt met de in blokjes gesneden tomaten, de groentebouillon en een halve theelepel zout.
i) Voeg peterselie toe aan de koekenpan en bewaar wat om over de afgewerkte schaal te strooien.
j) Roer alle ingrediënten in de koekenpan tot ze gelijkmatig zijn gecombineerd.
k) Breng aan de kook en laat het vervolgens 20 minuten zachtjes koken.
l) Verwijder het deksel, maak los met een vork en garneer met de overgebleven gehakte peterselie.
m) Snijd de citroen in partjes en pers het sap over elke portie.

SOEPEN

60. Romige Artisjokkensoep

INGREDIËNTEN:
- 2 blikjes artisjokharten (elk 14 ons), uitgelekt en gehakt
- 1 ui, gehakt
- 2 teentjes knoflook, fijngehakt
- 4 kopjes groentebouillon
- 1 kopje zware room
- Zout en peper naar smaak

INSTRUCTIES:
a) Fruit in een grote pan de gesnipperde ui en de gehakte knoflook tot ze zacht zijn.
b) Voeg de gehakte artisjokharten toe aan de pot en kook nog eens 5 minuten.
c) Giet de groentebouillon erbij en breng het mengsel aan de kook. Laat het ongeveer 15-20 minuten koken.
d) Pureer de soep met een staafmixer of een gewone blender tot een gladde massa.
e) Roer de slagroom erdoor en breng op smaak met zout en peper.
f) Serveer warm, eventueel gegarneerd met een beetje geraspte Parmezaanse kaas of gehakte peterselie.

61. Citroenachtige Artisjokkensoep

INGREDIËNTEN:
- 2 blikjes artisjokharten (elk 14 ons), uitgelekt en gehakt
- 1 ui, gehakt
- 2 teentjes knoflook, fijngehakt
- 4 kopjes kippen- of groentebouillon
- Schil en sap van 1 citroen
- 1/2 kop zware room
- Zout en peper naar smaak

INSTRUCTIES:
a) Fruit in een soeppan de gesnipperde ui en de gehakte knoflook tot ze zacht zijn.
b) Voeg de gehakte artisjokharten toe aan de pot en kook nog eens 5 minuten.
c) Giet de kippen- of groentebouillon erbij en breng het mengsel aan de kook. Laat het ongeveer 15-20 minuten koken.
d) Voeg de citroenschil en het sap toe aan de pan en roer goed.
e) Pureer de soep met een staafmixer of een gewone blender tot een gladde massa.
f) Roer de slagroom erdoor en breng op smaak met zout en peper.
g) Serveer warm, eventueel gegarneerd met een schijfje citroen of verse tijm.

62. Pittige Artisjokkensoep

INGREDIËNTEN:
- 2 blikjes artisjokharten (elk 14 ons), uitgelekt en gehakt
- 1 ui, gehakt
- 2 teentjes knoflook, fijngehakt
- 4 kopjes groentebouillon
- 1/2 theelepel rode pepervlokken (naar smaak aanpassen)
- 1/4 kop gehakte verse peterselie
- Zout en peper naar smaak

INSTRUCTIES:
a) Fruit in een grote pan de gesnipperde ui en de gehakte knoflook tot ze zacht zijn.
b) Voeg de gehakte artisjokharten toe aan de pot en kook nog eens 5 minuten.
c) Giet de groentebouillon erbij en breng het mengsel aan de kook. Laat het ongeveer 15-20 minuten koken.
d) Roer de rode pepervlokken en de gehakte peterselie erdoor.
e) Pureer de soep met een staafmixer of een gewone blender tot een gladde massa.
f) Breng op smaak met zout en peper.
g) Serveer warm, eventueel gegarneerd met een scheutje olijfolie of wat extra rode pepervlokken.

63. Gekruide Artisjokkensoep

INGREDIËNTEN:
- 2 blikjes artisjokharten (elk 14 ons), uitgelekt en gehakt
- 1 ui, gehakt
- 2 teentjes knoflook, fijngehakt
- 4 kopjes kippen- of groentebouillon
- 1 theelepel gedroogde tijm
- 1 theelepel gedroogde basilicum
- 1/2 theelepel gedroogde oregano
- Zout en peper naar smaak

INSTRUCTIES:
a) Fruit in een soeppan de gesnipperde ui en de gehakte knoflook tot ze zacht zijn.
b) Voeg de gehakte artisjokharten toe aan de pot en kook nog eens 5 minuten.
c) Giet de kippen- of groentebouillon erbij en breng het mengsel aan de kook. Laat het ongeveer 15-20 minuten koken.
d) Roer de gedroogde tijm, basilicum en oregano erdoor.
e) Pureer de soep met een staafmixer of een gewone blender tot een gladde massa.
f) Breng op smaak met zout en peper.
g) Serveer warm, eventueel gegarneerd met een takje verse kruiden of een snufje gedroogde kruiden.

64. Mediterrane artisjok- en tomatensoep

INGREDIËNTEN:
- 2 blikjes artisjokharten (elk 14 ons), uitgelekt en gehakt
- 1 ui, gehakt
- 2 teentjes knoflook, fijngehakt
- 1 blikje (14 ons) tomatenblokjes
- 4 kopjes groentebouillon
- 1 theelepel gedroogde oregano
- 1/2 theelepel gedroogde basilicum
- Zout en peper naar smaak

INSTRUCTIES:
a) Fruit in een grote pan de gesnipperde ui en de gehakte knoflook tot ze zacht zijn.
b) Voeg de gehakte artisjokharten toe aan de pot en kook nog eens 5 minuten.
c) Roer de in blokjes gesneden tomaten, groentebouillon, gedroogde oregano en gedroogde basilicum erdoor.
d) Breng het mengsel aan de kook en laat het ongeveer 15-20 minuten koken.
e) Pureer de soep met een staafmixer of een gewone blender tot een gladde massa.
f) Breng op smaak met zout en peper.
g) Serveer warm, eventueel gegarneerd met een scheutje olijfolie en een beetje geraspte Parmezaanse kaas.

65. Artisjok- en Aardappelsoep

INGREDIËNTEN:
- 2 blikjes artisjokharten (elk 14 ons), uitgelekt en gehakt
- 2 aardappelen, geschild en in blokjes
- 1 ui, gehakt
- 2 teentjes knoflook, fijngehakt
- 4 kopjes kippen- of groentebouillon
- 1/2 kop zware room
- Zout en peper naar smaak

INSTRUCTIES:

a) Fruit in een soeppan de gesnipperde ui en de gehakte knoflook tot ze zacht zijn.

b) Voeg de in blokjes gesneden aardappelen en de gehakte artisjokharten toe aan de pan en kook nog eens 5 minuten.

c) Giet de kippen- of groentebouillon erbij en breng het mengsel aan de kook. Laat het koken tot de aardappelen gaar zijn, ongeveer 15-20 minuten.

d) Pureer de soep met een staafmixer of een gewone blender tot een gladde massa.

e) Roer de slagroom erdoor en breng op smaak met zout en peper.

f) Serveer warm, eventueel gegarneerd met een klodder zure room en gehakte bieslook.

66. Spinazie-Artisjokkensoep

INGREDIËNTEN:
- 2 blikjes artisjokharten (elk 14 ons), uitgelekt en gehakt
- 1 ui, gehakt
- 2 teentjes knoflook, fijngehakt
- 4 kopjes groentebouillon
- 2 kopjes verse spinazieblaadjes
- 1/2 kopje geraspte Parmezaanse kaas
- Zout en peper naar smaak

INSTRUCTIES:
a) Fruit in een grote pan de gesnipperde ui en de gehakte knoflook tot ze zacht zijn.
b) Voeg de gehakte artisjokharten toe aan de pot en kook nog eens 5 minuten.
c) Giet de groentebouillon erbij en breng het mengsel aan de kook. Laat het ongeveer 15-20 minuten koken.
d) Roer de verse spinazieblaadjes en de geraspte Parmezaanse kaas erdoor tot de spinazie slinkt en de kaas smelt.
e) Pureer de soep met een staafmixer of een gewone blender tot een gladde massa.
f) Breng op smaak met zout en peper.
g) Serveer warm, eventueel gegarneerd met extra geraspte Parmezaanse kaas.

67.Soep van geroosterde rode paprika en artisjok

INGREDIËNTEN:
- 2 blikjes artisjokharten (elk 14 ons), uitgelekt en gehakt
- 2 geroosterde rode paprika's, gehakt
- 1 ui, gehakt
- 2 teentjes knoflook, fijngehakt
- 4 kopjes groentebouillon
- 1/2 kop zware room
- Zout en peper naar smaak

INSTRUCTIES:
a) Fruit in een soeppan de gesnipperde ui en de gehakte knoflook tot ze zacht zijn.
b) Voeg de gehakte artisjokharten en de geroosterde rode paprika toe aan de pan en kook nog eens 5 minuten.
c) Giet de groentebouillon erbij en breng het mengsel aan de kook. Laat het ongeveer 15-20 minuten koken.
d) Pureer de soep met een staafmixer of een gewone blender tot een gladde massa.
e) Roer de slagroom erdoor en breng op smaak met zout en peper.
f) Serveer warm, eventueel gegarneerd met een scheutje zure room en gehakte verse peterselie.

68. Kokoscurry-artisjokkensoep

INGREDIËNTEN:
- 2 blikjes artisjokharten (elk 14 ons), uitgelekt en gehakt
- 1 ui, gehakt
- 2 teentjes knoflook, fijngehakt
- 1 eetlepel kerriepoeder
- 1 blikje (14 ons) kokosmelk
- 4 kopjes groentebouillon
- Zout en peper naar smaak

INSTRUCTIES:
a) Fruit in een grote pan de gesnipperde ui en de gehakte knoflook tot ze zacht zijn.
b) Voeg de gehakte artisjokharten toe aan de pot en kook nog eens 5 minuten.
c) Strooi het kerriepoeder over de groenten en roer om te combineren.
d) Giet de kokosmelk en groentebouillon erbij. Breng het mengsel aan de kook en kook ongeveer 15-20 minuten.
e) Pureer de soep met een staafmixer of een gewone blender tot een gladde massa.
f) Breng op smaak met zout en peper.
g) Serveer warm, eventueel gegarneerd met een snufje gehakte koriander en een scheutje limoensap.

69. Artisjok en witte bonensoep

INGREDIËNTEN:
- 2 blikjes artisjokharten (elk 14 ons), uitgelekt en gehakt
- 1 ui, gehakt
- 2 teentjes knoflook, fijngehakt
- 2 blikjes (elk 15 ounce) witte bonen, uitgelekt en gespoeld
- 4 kopjes groentebouillon
- 1 theelepel gedroogde tijm
- Zout en peper naar smaak

INSTRUCTIES:
a) Fruit in een soeppan de gesnipperde ui en de gehakte knoflook tot ze zacht zijn.
b) Voeg de gehakte artisjokharten toe aan de pot en kook nog eens 5 minuten.
c) Roer de witte bonen, groentebouillon en gedroogde tijm erdoor. Breng het mengsel aan de kook en kook ongeveer 15-20 minuten.
d) Pureer een deel van de soep met een staafmixer of een gewone blender tot een gladde massa. Laat enkele stukjes groenten en bonen achter voor de textuur.
e) Breng op smaak met zout en peper.
f) Serveer warm, eventueel gegarneerd met een scheutje olijfolie en een snufje gehakte peterselie.

70. Artisjok- en preisoep

INGREDIËNTEN:
- 2 blikjes artisjokharten (elk 14 ons), uitgelekt en gehakt
- 2 preien, alleen de witte en lichtgroene delen, gehakt
- 2 teentjes knoflook, fijngehakt
- 4 kopjes groentebouillon
- 1 eetlepel olijfolie
- 1/4 kop gehakte verse dille
- Zout en peper naar smaak

INSTRUCTIES:
a) Verhit de olijfolie in een soeppan op middelhoog vuur. Voeg de gehakte prei en de gehakte knoflook toe en bak tot ze zacht zijn.
b) Voeg de gehakte artisjokharten toe aan de pot en kook nog eens 5 minuten.
c) Giet de groentebouillon erbij en breng het mengsel aan de kook. Laat het ongeveer 15-20 minuten koken.
d) Roer de gehakte verse dille erdoor.
e) Pureer de soep met een staafmixer of een gewone blender tot een gladde massa.
f) Breng op smaak met zout en peper.
g) Serveer warm, eventueel gegarneerd met een klodder Griekse yoghurt en een takje verse dille.

71. Romige artisjok- en zongedroogde tomatensoep

INGREDIËNTEN:
- 2 blikjes artisjokharten (elk 14 ons), uitgelekt en gehakt
- 1 ui, gehakt
- 2 teentjes knoflook, fijngehakt
- 1/2 kopje zongedroogde tomaten, gehakt
- 4 kopjes groentebouillon
- 1 kopje zware room
- Zout en peper naar smaak

INSTRUCTIES:
a) Fruit in een grote pan de gesnipperde ui en de gehakte knoflook tot ze zacht zijn.
b) Voeg de gehakte artisjokharten en de zongedroogde tomaten toe aan de pot en kook nog eens 5 minuten.
c) Giet de groentebouillon erbij en breng het mengsel aan de kook. Laat het ongeveer 15-20 minuten koken.
d) Pureer de soep met een staafmixer of een gewone blender tot een gladde massa.
e) Roer de slagroom erdoor en breng op smaak met zout en peper.
f) Serveer warm, eventueel gegarneerd met een snufje gehakte basilicum en een scheutje balsamicoglazuur.

SALADES

72. Artisjok En Rijpe Olijf Tonijnsalade

INGREDIËNTEN:
- 2 blikjes lichte tonijn, uitgelekt en in vlokken
- 1 kopje gehakte artisjokharten uit blik
- ¼ kopje gesneden olijven
- ¼ kopje gehakte lente-uitjes
- ⅓ kopje mayonaise
- 3 teentjes knoflook, fijngehakt
- 2 theelepels citroensap
- 1 ½ theelepel gehakte verse oregano of ½ theelepel gedroogd

INSTRUCTIES:
a) Meng alle ingrediënten in een middelgrote kom.
b) Serveer op een bedje sla of spinazie met gesneden tomaten of gebruik het om uitgeholde tomaten of bladerdeegschalen te vullen.

73. Italiaanse Antipasto Saladekom

INGREDIËNTEN:
- 6 ons artisjokharten
- 8-¾ ounce blik kekerbonen, uitgelekt
- 8-¾ ounce blik rode bonen, uitgelekt
- 6-½ ounce kan tonijn in water aansteken, uitgelekt en in vlokken
- ½ zoete rode ui, in dunne plakjes gesneden
- 3 eetlepels Italiaanse saladedressing
- ½ kopje bleekselderij, in dunne plakjes gesneden
- 6 kopjes gemengde sla
- 2 ons ansjovis, uitgelekt
- 3 ons droge salami, in dunne reepjes gesneden
- 2 ons Fontina-kaas, in blokjes gesneden
- Ingelegde rode en groene paprika's voor garnering

INSTRUCTIES:
a) Meng artisjok en marinade met bonen, tonijn, ui en 2 eetlepels dressing uit een flesje.
b) Dek af en zet 1 uur of langer in de koelkast om de smaken te mengen.
c) Meng het gemarineerde mengsel in een grote slakom lichtjes met selderij en groene salades.
d) Meng indien nodig nog een beetje dressing uit een flesje.
e) Verdeel de ansjovis, salami en kaas erover en garneer met paprika. Serveer onmiddellijk.

74. Geladen Nicoise-salade

INGREDIËNTEN:
- 1 krop Romeinse sla, in kleine stukjes gescheurd
- 1 krop Boston- of Bibb-sla
- 2 of 3 blikjes tonijn, uitgelekt
- 1 blikje artisjokharten, uitgelekt
- 1 kopje druiventomaten
- 6-8 groene uien, schoongemaakt
- 6-8 kleine nieuwe rode aardappelen, gestoomd, in de schil gelaten
- 1 blikje ansjovisfilets, geweekt in melk, drooggedept
- ¾ pond verse sperziebonen, geblancheerd
- 4 hardgekookte eieren, in vieren
- 2 sjalotjes, fijngehakt
- 1 teentje knoflook, geperst
- 1,5 theelepel zout
- Verse gebarsten zwarte peper
- 2 eetlepels Dijon-mosterd
- ⅓ kopje rode wijnazijn
- ⅔ kopje milde extra vergine olijfolie
- 3 eetlepels kappertjes, uitgelekt (bewaard als garnering)

INSTRUCTIES:
a) Bereid de salade zoals aangegeven en zorg voor knapperige bonen en malse aardappelen.
b) Maak de saladedressing door sjalot, knoflook, mosterd, zout en peper met azijn te kloppen.
c) Voeg langzaam terwijl u klopt de olie toe.
d) Meng gekookte, verwarmde aardappelen met 2 eetlepels bereide dressing.
e) Gooi de sperziebonen met een kleine eetlepel dressing.
f) Stel de salade samen, schik met sla, tonijn, eieren en meer. Besprenkel met dressing.
g) Garneer met kappertjes. Serveer met de overgebleven dressing ernaast.

75. Antipasto-salade

INGREDIËNTEN:
- 1 grote kop of 2 harten romaine gehakt
- 4 ons prosciutto in reepjes gesneden
- 4 ons salami of pepperoni in blokjes
- ½ kopje artisjokharten in plakjes gesneden
- ½ kopje olijvenmix van zwart en groen
- ½ kopje hete of niet-scherpsmakende pepers, gepekeld of geroosterd
- Italiaanse dressing naar smaak

INSTRUCTIES:
a) Combineer alle ingrediënten in een grote slakom.
b) Meng met Italiaanse dressing.

76. Risotto Rijstsalade Met Artisjokken, Erwten En Tonijn

INGREDIËNTEN:
- 1 kopje DeLallo Arborio-rijst
- 1 blikje geïmporteerde Italiaanse tonijn verpakt in olijfolie, bewaar de olie
- 1 pot (12 ounce) DeLallo gemarineerde artisjokharten, in vieren (bewaar de vloeistof)
- 6 ons bevroren groene erwten, ontdooid
- Schil van 1 citroen
- 2 eetlepels gehakte basilicum
- Zout en peper

INSTRUCTIES:
a) Breng een grote pan gezouten water aan de kook en voeg de risotto toe. Roer en kook de rijst voor een al dente textuur, ongeveer 12 minuten.
b) Giet de rijst af in een vergiet en spoel af met koud water om het overtollige zetmeel te verwijderen. Laat het heel goed uitlekken en zet het opzij om af te koelen.
c) Eenmaal afgekoeld doe je de risotto in een grote mengkom. Roer de tonijn, artisjokken en erwten erdoor. Voeg voor de dressing zeker de olie van de tonijn en de marinade van de artisjokken toe.
d) Meng de citroenschil en verse basilicum erdoor. Zout en peper naar smaak.
e) Serveer koud.

77.Brandnetelpasta Met Parmezaanse Kaas

INGREDIËNTEN:

- ½ pond pasta
- 2,5 ons verse brandnetelblaadjes en -punten
- 3 eetlepels olijfolie
- 3 teentjes knoflook, fijngehakt
- 1 ui, in blokjes gesneden
- 1 theelepel gedroogde peterselie
- ½ theelepel gedroogde tijm
- ½ theelepel gedroogde basilicum
- 1/3 kopje artisjokharten, gehakt
- ½ kopje Parmezaanse kaas, geraspt
- Zout en peper naar smaak
- Optioneel: 1 kopje violette bloemen of knoflookmosterdbloemen

INSTRUCTIES:

a) Breng een pan water aan de kook, zout het en voeg de pasta toe. Voeg ongeveer 1 minuut voordat je pasta helemaal gaar is de brandnetels toe aan het water.

b) Verhit de olie in een koekenpan, voeg de knoflook en uien toe en laat ongeveer 5 minuten koken. Als de knoflook snel begint te kleuren, zet dan het vuur lager. Roer de kruiden erdoor.

c) Voordat u de noedels en brandnetels afgiet, neemt u ¼ kopje pastawater en voegt u dit toe aan de koekenpan met de uien.

d) Giet vervolgens de pasta en de brandnetels af en doe ze in de pan, samen met de artisjokharten. Zet het vuur lager en voeg de Parmezaanse kaas toe, roer opnieuw, totdat de kaas is gesmolten en de noedels bedekt.

e) Haal de noedels van het vuur en garneer ze met eetbare bloemen.

78.Salade van rode aardappel-asperges en artisjokken

INGREDIËNTEN:
- 18 kleine rode aardappelen
- 3/4 kop groentebouillon
- 14oz artisjokharten, uitgelekt en in vieren gesneden
- 3 pond verse asperges, bijgesneden
- 3 eetlepels Dijon-mosterd
- 1/4 theelepel cayennepeper
- 5 eetlepels gehakte verse bieslook
- 1/4 kopje vers citroensap
- Zout en gemalen zwarte peper naar smaak

INSTRUCTIES:
a) Doe de aardappelen in een pan met gezouten water en dek af.
b) Breng op hoog vuur aan de kook. Zet vervolgens het vuur middelhoog, dek af en laat ongeveer 20 minuten zachtjes koken.
c) Giet af en laat 1-2 minuten droogstomen. Laat afkoelen voordat u het in hapklare blokjes snijdt en doe het vervolgens in een aparte kom.
d) Breng op hoog vuur een pan met zout water aan de kook en voeg de asperges toe. Giet onmiddellijk af.
e) Snijd de asperges in stukken van 1 inch en kook ze gedurende 3 minuten gaar.
f) Roer de artisjokken erdoor en breek ze iets uit elkaar voordat je ze in de kom bij de aardappelen doet.
g) Meng het citroensap en de mosterd en klop de groentebouillon geleidelijk door het mosterd- en citroensap tot een gladde massa.
h) Breng op smaak met zout, peper en cayennepeper. Sprenkel de groenten erover en schep ze om.
i) Bestrooi voor het serveren met bieslook.

79. Salade van aangebraden artisjokharten

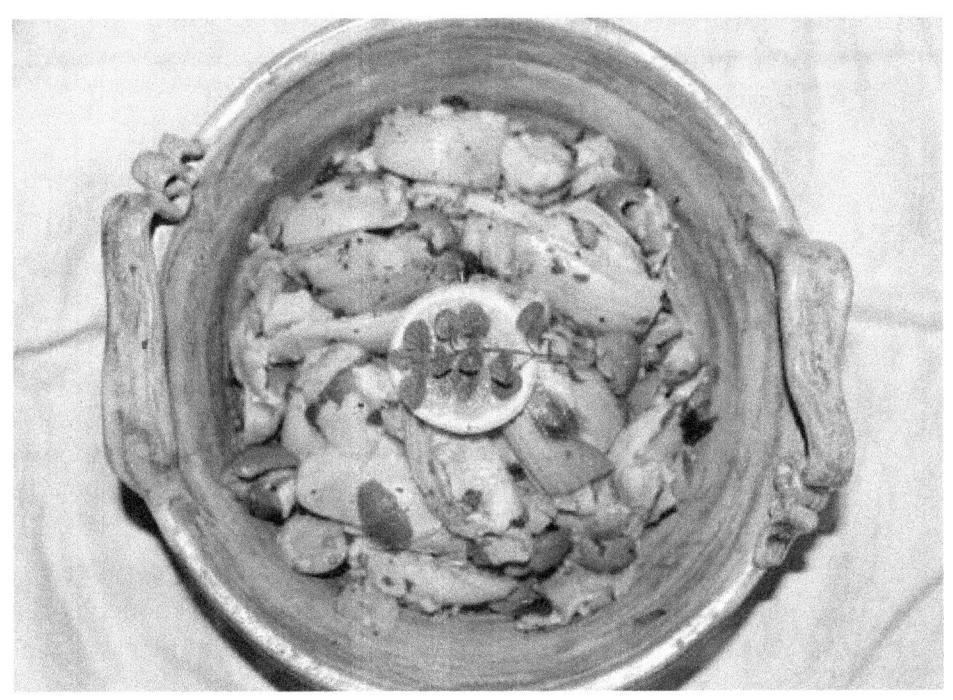

INGREDIËNTEN:
- 2 blikjes (elk 14 oz) artisjokharten
- 1 eetlepel olijfolie, plus meer om te besprenkelen
- 4 teentjes knoflook, fijngehakt
- 4 groene uien, witte en groene porties gehakt
- Sap van 1/2 citroen
- 1/2 kopje Castelvetrano-olijven zonder pit, gehalveerd en gebroken
- 1 eetlepel verse oregano, gehakt
- 1 eetlepel Italiaanse peterselie, gehakt
- Zout en gemalen zwarte peper, naar smaak

INSTRUCTIES:

a) Verhit de olijfolie in een grote koekenpan op middelhoog vuur. Voeg de uitgelekte artisjokharten toe en bak ze ongeveer 10 minuten aan elke kant tot ze licht verkoold zijn.

b) Zet het vuur laag. Voeg de gehakte knoflook en de helft van de gehakte groene uien toe. Kook 5 minuten tot de knoflook bruin is.

c) Vouw de gehalveerde en gebroken olijven erdoor en haal de koekenpan van het vuur.

d) Doe het artisjokkenmengsel in een ondiepe kom of serveerschaal. Knijp vers citroensap erover en besprenkel met nog meer olijfolie.

e) Breng de salade op smaak met zout en gemalen zwarte peper. Spatel voorzichtig de fijngehakte oregano erdoor.

f) Bestrooi de salade met verse peterselie en serveer.

ZIJDEN

80. Geroosterde Harten Van Palm En Artisjok

INGREDIËNTEN:
- Bak spray
- 2 blikjes Reese Hearts of Palm (elk 14 ounces)
- 2 blikjes Reese grote artisjokharten (elk 14 ons)
- 2 eetlepels olijfolie
- 1 teentje knoflook, gehakt
- 1/4 theelepel peper
- 1/8 theelepel zout
- 1 citroen, in zesden gesneden

INSTRUCTIES:
a) Verwarm de oven voor op 220°C. Smeer een omrande bakplaat in met kookspray.
b) Laat de palm- en artisjokharten uitlekken, spoel ze af en dep ze droog met keukenpapier. Snijd de palmharten in drieën en halveer de artisjokharten. Veeg het overtollige vocht van de artisjokharten.
c) Meng de olijfolie en de gehakte knoflook in een grote kom. Voeg de harten van de palm- en artisjokharten toe en roer voorzichtig zodat ze gelijkmatig bedekt zijn.
d) Plaats de gecoate harten van palm- en artisjokharten in een enkele laag op de voorbereide bakplaat. Bestrooi met zout en peper.
e) Rooster in de voorverwarmde oven tot het gaar is en de randen lichtbruin beginnen te worden, ongeveer 25-30 minuten.
f) Besprenkel de geroosterde harten van palm en artisjok met vers citroensap. Of serveer met partjes citroen en laat iedereen er naar eigen smaak citroensap over sprenkelen.
g) Geniet van uw heerlijke geroosterde palmharten en artisjok als smaakvol bijgerecht als aanvulling op elke maaltijd!

81. Gebroken Artisjokken Met Citroen-Dille Aioli

INGREDIËNTEN:
- 1/2 kopje mayonaise met olijfolie
- 1 eetlepel fijngehakte verse dille
- 1 1/2 theelepel Dijon-mosterd
- 1 1/2 theelepel vers citroensap
- 1 klein teentje knoflook, fijn geraspt
- 2 (14 ounce) blikjes hele baby-artisjokharten, uitgelekt en drooggedept
- 2 eetlepels extra vergine olijfolie, verdeeld
- 1 eetlepel gehakte verse tijmblaadjes
- 1/4 theelepel gemalen peper

INSTRUCTIES:

a) Meng de mayonaise, dille, mosterd, citroensap en geraspte knoflook in een kleine kom om de aioli te bereiden.

b) Verwarm de oven voor op 200 °C. Bekleed een omrande bakplaat met bakpapier. Meng de uitgelekte en gedroogde artisjokharten met 1 eetlepel olijfolie in een middelgrote kom. Schik de artisjokken in een enkele laag op de voorbereide bakplaat. Bak tot ze licht goudbruin zijn, ongeveer 20 tot 25 minuten. Haal ze uit de oven en besprenkel de artisjokken met de resterende 1 eetlepel olijfolie en bestrooi ze met gehakte tijm. Schud voorzichtig om te coaten.

c) Gebruik de bodem van een maatbeker of een stevig glas en druk voorzichtig op de artisjokken tot ze ongeveer 1/2 inch dik zijn, waarbij u gelijkmatige druk uitoefent terwijl de harten intact blijven. Bak opnieuw tot ze goudbruin en gekarameliseerd zijn, ongeveer 25 tot 30 minuten.

d) Doe de gebroken artisjokken op een bord of schaal, bestrooi met gemalen peper en serveer naast de bereide citroen-dille-aioli.

e) Geniet van deze knapperige, gebroken artisjokken met hun zachte binnenkant, geserveerd naast de heldere en frisse citroen-dille-aioli!

82.Artisjokharten Met Ham

INGREDIËNTEN:
- 2 blikjes (elk 14 oz) artisjokharten
- 1 eetlepel extra vierge olijfolie
- 2 oz. Serranoham, gehakt
- 1 eetlepel gehakte knoflook
- Adobo Universele Kruidenmix met Peper, naar smaak
- 1 eetlepel fijngehakte verse peterselie

INSTRUCTIES:
a) Laat de artisjokharten uitlekken en dep ze goed droog met keukenpapier. Halveer ze.
b) Verhit de olijfolie in een middelgrote koekenpan op middelhoog vuur. Voeg de gehakte Serranoham toe en kook tot hij knapperig is, ongeveer 5 minuten. Haal de knapperige ham eruit met een schuimspaan en leg deze opzij.
c) Voeg de gehalveerde artisjokken toe aan de koekenpan en kook tot ze aan alle kanten goudbruin zijn, ongeveer 10 minuten.
d) Voeg de gehakte knoflook toe aan de koekenpan en kook tot het geurig is, af en toe roerend, gedurende ongeveer 1 minuut.
e) Breng het artisjokkenmengsel op smaak met Adobo Alleskruiden met Peper.
f) Doe het artisjokkenmengsel in een cazuela of een kleine ronde serveerschaal. Strooi de knapperige Serranoham en de gehakte peterselie erover.
g) Geniet van je heerlijke Artisjokharten met Ham, een gerecht geïnspireerd op de smaken van Rioja en Navarra!

83. Artisjokharten In Witte Wijnknoflook

INGREDIËNTEN:
- 1 eetlepel extra vergine olijfolie
- 3 teentjes knoflook, fijngehakt
- 1/2 kopje droge witte wijn
- 3 eetlepels citroensap
- 6 eetlepels boter
- 1 snufje zout
- 1/4 theelepel versgemalen zwarte peper
- 2 blikjes artisjokharten (elk 14 oz), uitgelekt en gehalveerd
- 1 eetlepel verse peterselie, gehakt
- 1/4 kopje groene ui, in dunne plakjes gesneden

INSTRUCTIES:
a) Verhit de extra vergine olijfolie op middelhoog vuur in een middelgrote koekenpan met antiaanbaklaag.
b) Voeg de gehakte knoflook toe en kook ongeveer een minuut tot ze zacht, maar niet bruin is.
c) Giet de witte wijn erbij en laat 2 tot 3 minuten koken om de alcohol te laten verdampen.
d) Roer het citroensap erdoor en voeg geleidelijk de boter toe terwijl je voortdurend blijft kloppen tot het gesmolten en goed gemengd is.
e) Breng de saus op smaak met zout en peper.
f) Voeg de artisjokharten voorzichtig toe aan de pan en schep ze voorzichtig door de saus tot ze volledig bedekt zijn.
g) Zodra de artisjokken zijn opgewarmd, doe je ze samen met de saus op een serveerschaal.
h) Garneer met gehakte peterselie en dun gesneden groene uien.
i) Serveer onmiddellijk en geniet van je heerlijke artisjokharten in witte wijn, knoflook en citroen!

84. Geitenkaas Gebakken Artisjokharten

INGREDIËNTEN:
- 1 kleine ui, in blokjes gesneden
- Scheutje olijfolie
- 14 oz pakket bevroren artisjokharten
- 3 teentjes knoflook, fijngehakt
- 1 eetlepel verse dille, fijngehakt
- 1/4 theelepel elk: zout en zwarte peper
- 1/2 kopje verkruimelde geitenkaas
- 3 eetlepels panko-paneermeel
- 1 theelepel olijfolie

INSTRUCTIES:
a) Verwarm de oven voor op 200 °C.
b) In een ovenvaste koekenpan van 20 cm bak je de in blokjes gesneden ui in een scheutje olijfolie tot ze doorschijnend is.
c) Ontdooi de bevroren artisjokharten. Gooi ze met de gebakken uien in de koekenpan. Meng de gehakte knoflook, gehakte dille, zout, peper en verkruimelde geitenkaas erdoor.
d) Meng het panko-broodkruim in een kleine kom met 1 theelepel olijfolie. Verdeel het paneermeelmengsel gelijkmatig over de artisjokken in de koekenpan.
e) Bak in de voorverwarmde oven gedurende 10 minuten, of tot het is opgewarmd.
f) Geniet van dit gegratineerde bijgerecht van Geitenkaas Gebakken Artisjokharten als een heerlijke aanvulling op je vegetarische routine!

85. Gestoomde Artisjokken

INGREDIËNTEN:
- 4 middelgrote artisjokken (elk ongeveer 12 ons)
- 1 citroen, kruiselings doormidden gesneden
- Grof zout
- Gemakkelijke Hollandaisesaus
- Optioneel: gesmolten boter

INSTRUCTIES:
a) Verwijder de harde buitenste bladeren van de artisjokken. Gebruik een gekarteld mes om het bovenste derde deel van elke artisjok af te snijden. Knip eventuele resterende scherpe of stekelige punten af met een keukenschaar.
b) Snijd de stelen af, zodat de artisjokken rechtop kunnen staan.
c) Voorkom verkleuring door de snijvlakken van de artisjokken in te wrijven met citroen. Herhaal dit proces met de resterende artisjokken en citroen.
d) Plaats een stoommandje in een grote pan en voeg voldoende water toe, zodat het net onder het mandje komt. Knijp het citroensap in het water en voeg 1 eetlepel zout toe. Breng het water aan de kook.
e) Schik de artisjokken in het stoommandje, met de steel naar boven.
f) Dek de pan af en stoom de artisjokken tot de harten zacht zijn als je er met een schilmesje in prikt en de binnenste bladeren er gemakkelijk uit kunnen worden getrokken. Dit duurt doorgaans ongeveer 25 tot 35 minuten. Voeg indien nodig meer water toe aan de pot.
g) Serveer de gestoomde artisjokken warm of op kamertemperatuur, eventueel vergezeld van Easy Hollandaisesaus of gesmolten boter.

NAGERECHT

86. Gekonfijte artisjokharten

INGREDIËNTEN:
- 1 blikje artisjokharten (14 ons), uitgelekt en gehalveerd
- 1 kopje kristalsuiker
- 1 kopje water
- Optioneel: citroenschil of vanille-extract als smaakmaker

INSTRUCTIES:
a) Meng de kristalsuiker en het water in een pan. Breng op middelhoog vuur aan de kook, roer tot de suiker is opgelost.
b) Voeg de artisjokharten toe aan de suikersiroop. Voeg indien gewenst een scheutje citroenschil of een druppel vanille-extract toe voor extra smaak.
c) Laat de artisjokharten ongeveer 20-30 minuten in de siroop sudderen, of tot ze doorschijnend en zacht worden.
d) Haal de gekonfijte artisjokharten uit de siroop en laat ze afkoelen op een met bakpapier beklede bakplaat.
e) Eenmaal afgekoeld kunnen de gekonfijte artisjokharten op zichzelf genoten worden als een uniek en licht zoet dessert, of ze kunnen gebruikt worden als garnering voor andere desserts zoals taarten of ijs.

87. Artisjok- en amandelcake

INGREDIËNTEN:
- 1 blikje artisjokharten, uitgelekt en fijngehakt
- 1 kopje amandelmeel
- 1/2 kopje kristalsuiker
- 1/4 kop gesmolten boter
- 3 eieren
- 1 theelepel amandelextract
- 1/2 theelepel bakpoeder
- Snufje zout

INSTRUCTIES:
a) Verwarm uw oven voor op 175°C. Vet een taartvorm in en bebloem hem.
b) Klop de eieren en de kristalsuiker in een mengkom tot een licht en luchtig mengsel.
c) Voeg de gesmolten boter, het amandelextract en de gehakte artisjokharten toe aan het eimengsel en roer tot alles goed gemengd is.
d) Meng in een aparte kom het amandelmeel, bakpoeder en zout. Voeg dit droge mengsel geleidelijk toe aan de natte ingrediënten en roer tot een gladde massa.
e) Giet het beslag in de voorbereide cakevorm en strijk de bovenkant glad.
f) Bak in de voorverwarmde oven gedurende 25-30 minuten, of totdat een tandenstoker die je in het midden steekt er schoon uitkomt.
g) Laat de cake afkoelen voordat je hem aansnijdt en serveert. Eventueel de bovenkant bestrooien met poedersuiker of serveren met slagroom.

88. Artisjok en Citroentaart

INGREDIËNTEN:
- 1 kant-en-klare taartbodem of zelfgemaakt taartdeeg
- 1 blikje artisjokharten (14 ons), uitgelekt en gehakt
- Schil en sap van 1 citroen
- 1/2 kopje kristalsuiker
- 3 eieren
- 1/2 kop zware room
- Poedersuiker om te bestuiven (optioneel)

INSTRUCTIES:
a) Verwarm uw oven voor op 175°C. Rol de taartbodem of het taartdeeg uit en druk het in een taartvorm.
b) Klop in een mengkom de eieren, kristalsuiker, citroenschil, citroensap en slagroom tot alles goed gemengd is.
c) Roer de gehakte artisjokharten erdoor.
d) Giet de vulling in de voorbereide taartvorm.
e) Bak in de voorverwarmde oven gedurende 25-30 minuten, of tot de vulling stevig is en de korst goudbruin is.
f) Laat de taart iets afkoelen voordat je hem aansnijdt. Bestrooi indien gewenst met poedersuiker voor het serveren.

89. Romige Spaghettitaart Met Zoete Aardappel

INGREDIËNTEN:
- 1 pond droge spaghetti
- 1 pot (24 ounce) gemarineerde artisjokharten, (reserveer 1/4 kopje vloeistof + 1 kopje artisjokharten)
- 1 kopje bevroren spinazie, ontdooid en drooggeperst
- 1 (8-ounce) roomkaasblokje, verzacht
- 2 eieren, losgeklopt
- 1/2 kopje geraspte Parmezaanse kaas
- 2 kopjes geraspte mozzarellakaas
- Garneer: geschaafde Parmezaanse kaas, boerenkoolchips

INSTRUCTIES:
a) Verwarm de oven voor op 350 ° F.
b) Bekleed een springvorm met bakpapier, zodat de randen buiten de pan kunnen hangen.
c) Kook de pasta in een grote pan in kokend water gedurende 10 minuten.
d) Meng in een grote kom de artisjokharten (plus vloeistof), spinazie, roomkaas, eieren en kazen.
e) Giet de spaghetti af en doe deze in de kom met het artisjokkaasmengsel, roer om zodat de pasta volledig bedekt is. Giet in de voorbereide pan en bedek met de resterende 1 kopje artisjokharten.
f) Bak gedurende 45 minuten tot 1 uur, tot de randen knapperig zijn en het mengsel stevig is. Laat een beetje afkoelen voordat je het uit de pan haalt. Serveer warm.
g) Garneer met geschaafde Parmezaanse kaas en boerenkoolchips.

SPECERIJEN

90. Pesto van artisjokken

INGREDIËNTEN:
- 1 blikje artisjokharten (14 ons), uitgelekt en gehakt
- 1/4 kop geroosterde pijnboompitten of amandelen
- 2 teentjes knoflook
- 1/4 kop geraspte Parmezaanse kaas
- 1/4 kop extra vergine olijfolie
- Sap van 1 citroen
- Zout en peper naar smaak

INSTRUCTIES:
a) Meng in een keukenmachine de gehakte artisjokharten, geroosterde pijnboompitten of amandelen, knoflook en Parmezaanse kaas.
b) Pulseer tot de ingrediënten fijngehakt zijn.
c) Terwijl de keukenmachine draait, druppelt u langzaam de olijfolie erdoor tot het mengsel de gewenste consistentie heeft bereikt.
d) Voeg citroensap, zout en peper naar smaak toe en pulseer om te combineren.
e) Serveer de artisjokkenpesto als spread op crostini, door pasta of als topping voor gegrild vlees of vis.

91. Artisjokkentapenade

INGREDIËNTEN:
- 1 blikje artisjokharten (14 ons), uitgelekt en gehakt
- 1/4 kop ontpitte Kalamata-olijven
- 2 eetlepels kappertjes, uitgelekt
- 2 teentjes knoflook
- 2 eetlepels gehakte verse peterselie
- 2 eetlepels extra vergine olijfolie
- Sap van 1 citroen
- Zout en peper naar smaak

INSTRUCTIES:
a) Meng in een keukenmachine de gehakte artisjokharten, Kalamata-olijven, kappertjes, knoflook en peterselie.
b) Pulseer tot de ingrediënten fijngehakt en goed gecombineerd zijn.
c) Terwijl de keukenmachine draait, druppelt u langzaam de olijfolie erdoor tot het mengsel de gewenste consistentie heeft bereikt.
d) Voeg citroensap, zout en peper naar smaak toe en pulseer om te combineren.
e) Serveer de artisjokkentapenade als spread op knapperig brood, crackers of als smaakmaker voor sandwiches en wraps.

92. Relish van artisjok en zongedroogde tomaten

INGREDIËNTEN:
- 1 blikje artisjokharten (14 ons), uitgelekt en gehakt
- 1/4 kop gehakte zongedroogde tomaten (verpakt in olie), uitgelekt
- 2 eetlepels gehakte verse basilicum
- 1 eetlepel balsamicoazijn
- 2 eetlepels extra vergine olijfolie
- Zout en peper naar smaak

INSTRUCTIES:

a) Meng in een mengkom de gehakte artisjokharten, de gehakte zongedroogde tomaten en de verse basilicum.
b) Besprenkel met balsamicoazijn en extra vergine olijfolie en schep om.
c) Breng op smaak met peper en zout en meng opnieuw om te combineren.
d) Serveer de artisjok- en zongedroogde tomatensaus als topping voor gegrilde kip of vis, roer door gekookte pasta of als garnering voor salades.

93.Romige Artisjok Aioli

INGREDIËNTEN:
- 1 blikje artisjokharten (14 ons), uitgelekt en gehakt
- 1/2 kop mayonaise
- 2 teentjes knoflook, fijngehakt
- 1 eetlepel citroensap
- 1 eetlepel gehakte verse peterselie
- Zout en peper naar smaak

INSTRUCTIES:
a) Meng in een keukenmachine de gehakte artisjokharten, mayonaise, gehakte knoflook, citroensap en gehakte peterselie.
b) Pulseer tot het mengsel glad en goed gemengd is.
c) Breng op smaak met peper en zout en pulseer opnieuw om op te nemen.
d) Serveer de romige artisjokaioli als dip voor groenten, als spread voor sandwiches en burgers, of als saus voor gegrild vlees en zeevruchten.

94. Artisjok Chimichurri

INGREDIËNTEN:
- 1 blikje artisjokharten (14 ons), uitgelekt en gehakt
- 1/2 kop gehakte verse peterselie
- 2 eetlepels gehakte verse koriander
- 2 teentjes knoflook, fijngehakt
- 1/4 kopje rode wijnazijn
- 1/2 kopje extra vergine olijfolie
- 1 theelepel gemalen rode pepervlokken
- Zout en peper naar smaak

INSTRUCTIES:
a) Meng in een mengkom de gehakte artisjokharten, de gehakte peterselie, de gehakte koriander en de gehakte knoflook.
b) Roer de rode wijnazijn, extra vergine olijfolie en gemalen rode pepervlokken erdoor.
c) Breng op smaak met peper en zout en roer tot alles goed gemengd is.
d) Laat de chimichurri minimaal 30 minuten op kamertemperatuur staan, zodat de smaken zich kunnen vermengen.
e) Serveer de artisjok chimichurri als saus voor

DRANKJES

95. Artisjokwater

INGREDIËNTEN:
- 2 artisjokken, stengels afgesneden en bijgesneden

INSTRUCTIES:
a) Breng een grote pan water aan de kook.
b) Artisjokken toevoegen en 30 minuten aan de kook brengen.
c) Verwijder de artisjokken en bewaar ze voor later.
d) Laat het water afkoelen voordat je er een kopje van drinkt.

96. Artisjok Negroni

INGREDIËNTEN:
- 1 ons. rode vermout
- 1 ons. artisjok likeur
- 4 druppels lavendelbitter
- 1 sinaasappelschil
- Ijsblokjes

INSTRUCTIES:
a) Meng de rode vermouth, artisjokkenlikeur en lavendelbittertjes in een mengglas of kruik gevuld met ijs.
b) Roer het mengsel ongeveer 1 minuut met een lange lepel om af te koelen en meng de ingrediënten.
c) Zeef het mengsel in champagneglazen.
d) Garneer elk glas met een vleugje sinaasappelschil.
e) Serveer en geniet van je Artisjok Negroni!

97. Artisjok Manhattan

INGREDIËNTEN:
- 2 ons roggewhisky
- 1/2 ounce artisjoklikeur (zoals Cynar)
- 1/2 ounce zoete vermout (zoals Carpano Antica)
- 1 venkelblaadje
- 1 reepje sinaasappelschil

INSTRUCTIES:
a) Vul een cocktailglas met ijs.
b) Voeg de roggewhisky, artisjokkenlikeur en zoete vermouth toe aan het glas.
c) Roer het mengsel ongeveer 30 seconden om af te koelen.
d) Zeef de cocktail in een rockglas gevuld met vers ijs.
e) Garneer met het venkelblaadje en een reepje sinaasappelschil.
f) Geniet van je Artisjok Manhattan!

98. Artisjok & Pandan Groene Thee

INGREDIËNTEN:
- 3 verse hele artisjokken (heel bewaren)
- 1 bosje pandanbladeren (diepvries is prima)
- 2 groene theezakjes
- 1,5 liter water (het water verdampt terwijl het kookt)
- Optioneel: 2 eetlepels kristalsuiker of gewone suikersiroop (voeg 5 stukjes rotssuiker of 5 eetlepels gewone suiker toe aan 1/2 kopje kokend water tot het oplost)

INSTRUCTIES:
a) Was de artisjokken en doe ze samen met de pandanbladeren en het water in een grote pan. Verwarm het water tot het kookt, zet het vuur laag en laat het 1 uur sudderen.
b) Zet na 1 uur het vuur uit en doe de groene theezakjes in de pot, zodat ze kunnen trekken totdat de hele pot is afgekoeld.
c) Zodra de thee is afgekoeld, breng je deze over naar een glazen pot van 1 gallon.
d) Wanneer u klaar bent om te serveren, giet u de thee in glazen kopjes met ijs. Voeg indien gewenst rotssuikersiroop toe voor zoetheid.
e) Geniet van je verfrissende Artisjok & Pandan Groene Thee!

99. Zelfgemaakte cynar

INGREDIËNTEN:
- 10 artisjokbladeren
- Wat sinaasappelschil
- 1 liter Grappa
- 1 eetlepel bruine suiker

INSTRUCTIES:
a) Begin met het macereren van tien artisjokblaadjes en wat sinaasappelschillen in een liter Grappa.
b) Laat het mengsel 30 tot 40 dagen trekken.
c) Filter de Grappa en laat hem nog een maand rijpen.
d) Voor extra diepte en bitterheid die doet denken aan artisjokken, voegt u een eetlepel bruine suiker toe aan de likeur.

100.Artisjok Hold

INGREDIËNTEN:
- 3/4 ounce Jamaicaanse rum (bij voorkeur Smith & Cross)
- 3/4 ounce Cynar
- 1/2 ounce St. Germain vlierbloesemlikeur
- 3/4 ons limoensap
- 1/2 ounce orgeade
- Garnering: takje munt

INSTRUCTIES:
a) Voeg alle ingrediënten toe aan een cocktailshaker.
b) Voeg een kleine hoeveelheid ijs toe en schud lichtjes.
c) Zeef het mengsel over gemalen ijs in een rotsglas.
d) Werk af met nog meer crushed ijs en garneer met een takje munt.

CONCLUSIE

Terwijl we afscheid nemen van 'Het complete artisjokkookboek', doen we dat met een hart vol dankbaarheid voor de geproefde smaken, de gecreëerde herinneringen en de verruimde culinaire horizon. Via 100 heerlijke recepten die het hart van de distel vieren, hebben we de diverse en heerlijke wereld van de artisjokkeuken verkend, van traditionele favorieten tot innovatieve creaties.

Maar onze reis eindigt hier niet. Laten we, gewapend met nieuwe kennis en inspiratie, terugkeren naar onze keukens en doorgaan met ontdekken, experimenteren en creëren met de artisjok als onze gids. Of we nu koken voor familiefeesten, intieme diners of informele doordeweekse maaltijden, mogen de recepten in dit kookboek dienen als een bron van inspiratie en genot.

En laten we, terwijl we genieten van elke hap artisjoklekkernij, terugdenken aan de reis die we hebben gedeeld: een reis van ontdekking, verkenning en waardering voor de simpele geneugten van lekker eten. Bedankt dat je met ons mee bent gegaan op dit heerlijke avontuur. Mogen uw culinaire inspanningen gevuld zijn met smaak, creativiteit en het plezier van koken met artisjokken. Proost op het hart van de distel en op de eindeloze mogelijkheden die het onze tafels biedt.

www.ingramcontent.com/pod-product-compliance
Lightning Source LLC
Chambersburg PA
CBHW070355120526
44590CB00014B/1138